クィア・スタディーズをひらく 2

結婚,家族,労働

菊地夏野、堀江有里、飯野由里子 編著

Exploring Queer Studies 2
Marriage
Family
Labor

晃洋書房

シリーズ刊行に当たって

「クィア（queer）」という言葉がある。歴史的には、とりわけ同性愛の男性たちに向けられた侮蔑語として、英米圏で用いられてきた言葉である。ところが一九八〇年代後半のエイズ・アクティヴィズムとその流れを引き継いだクィア・アクティヴィズムの中で、この侮蔑語を簒奪し、自らのあり様を指し示す言葉としてあえて用いようとする人々が現れた。その過程において、「クィア」という言葉がもともと持っていた「人を恥じ入らせる呼びかけ」としての機能は無効化され、社会的に「望ましい」とされるジェンダーやセクシュアリティの規範に抵抗する政治にとって有効な視点として再機能化されていった。

日本においても一九九〇年代後半から、「普通」と見なされる「異性愛」で「（生まれつきの）男／女」以外のセクシュアル／ジェンダー・アイデンティティーズを指し示すものとして、「クィア」という言葉が用いられている。それは、LGBT（レズビアン・ゲイ・バイセクシュアル・トランスジェンダー）として細分化されていた「セクシュアル／ジェンダー・マイノリティ」を、緩やかな集まりとして表現することを可能にしている。

そしてまた、この「クィア」という言葉で表現される思想や運動は、クィア・スタディーズと呼ばれる研究領域として結実し、現在、蓄積を深めている。だが、こうした新しい動きは、いまだ一定の輪郭を伴った成果として差し出されていない。また近年、日本社会でも進んでいるように見える「LGBTの可視化」は、これまでの議論や実践の歴史と必ずしも直接つながっているわけではない。
本シリーズは、クィア・スタディーズの現段階での見取り図を作成し、その蓄積を、まだ出会えていない他者との出会いを可能にするような形で社会に送り出したいという願いから生まれた。というのも、「クィア」に関わる思想や運動、研究が発展する裏面で、放置・忘却されてしまっている問題があるように思われるからである。例えば、「女性」と「男性」との間に存在している社会的地位の違い、都市に暮らす人々と地方に暮らす人々の間の違い、異なる心身状況や経済状況に置かれている人々の間の違いはその一例である。

本シリーズは、アイデンティティ、コミュニティ、スペース（第一巻）、結婚、家族、労働（第二巻）、健康／病、障害（ディスアビリティ）、身体（第三巻）の全三巻から成る。その中で「クィア」という言葉が日本の文脈で広まっていった過程で取りこぼされてきたさまざまな問題を掘り起こしてみたい。この言葉を狭義の「セクシュアル／ジェンダー・マイノリティ」の問題の中に閉じ込めるのではなく、むしろ他のさまざまな問題や社会領域とどのように接続しているのかを積極的に示すことで、「クィア」という視点がもっている可能性を探ってみたい。

菊地夏野
堀江有里
飯野由里子

はじめに

本巻は結婚・家族・労働をキーワードとしている。「結婚・家族」がクィア・スタディーズの重要なテーマの一つであることは説明を要さないだろう。それは、現在同性婚あるいは同性パートナーシップが国内外における政治課題になっていることからも分かる。本巻はそれらの意味を問うことを大きな柱としている。そして見えにくいのが「労働」との関係である。結婚・家族が実は労働と密接な関係にあることは、本巻を通して複数の回路により見出すことができる。それぞれの章が結び合いながらゆるやかに問いと応答の連関を繰り返している。

第一章「国勢調査と同性カップル世帯――排除と可視化のはざまで」は国勢調査における同性カップルの把握について論じる。近年「ＬＧＢＴの可視化」がいわれているが、その内実を問うという意味で重要な問題設定であろう。「可視化」と言った時に往々にして想定されるのはマスメディア上のものである。そしてマスメディア報道が増えることが「可視化の進行」であり社会を変えることであるという一般的なコードがある。だが本章はあえて国勢調査という別の領域に着目し、そのあり方と変遷を探る。そこから見えてくるのは、「同性カップルを把握する」という単純な作業がはらむ困難である。その困難にあえて取り組む中で、さらに当事者の思いが明らかにするのは、「可視化すること」の意味である。誰が、何のために可視化したいのか？　そこに、単一の、わかりやすい回答はあるのだろうか？　逆に照射されるのは、これまで既に可視化・制度化・権威化されている異性愛中心主義的な生こそのもつ不可視性ではないだろうか。

筆者は最後に、国勢調査という「権力」による把握とクィアのまなざしの相克について論じるが、この問いは本巻を通じて共有されている。

第二章「ようこそ、ゲイ・フレンドリーな街へ――スペースとセクシュアル・マイノリティ」は、「性的少数者とスペース」の関係を基軸に、この問いを発している。クローゼットに押し込められる身体が、可視化を試みる時、許されるのは「完全な身体」であることは少ない。筆者はそのせめぎ合いに注意を払いながら、クィア・スタディーズの進展を跡づける。そこでは、そのせめぎ合いが、「パブリック」と「プライベート」の区分の更新を起こすと同時に、異性愛主義批判が「単一抑圧の枠組み」に陥ることとの問題を指し示していく。これは現在、クィア・スタディーズが取り組むべき最も本質的なテーマの一つであろう。

そして筆者は、この問題を単なる米英のものとするのではなく、日本の文脈においても問われるべきことであることを私たちに投げかける。

第三章「女性同士の《結婚》」は、女性同士の結婚を取り上げた雑誌記事を検討して、近年の「同性パートナーシップ」や同性婚実現に向けた動きを考えようとするものである。一九六〇年代から七〇年代にかけて「レズビアン夫婦」や「レズ夫婦」という言葉が誌上に登場するが、それらの記事を通して筆者は、ここでの「結婚」が法的次元というより生活実態が重視されていたと読み解こうとする。そしてそれは、近年の同性婚ブームがもっぱら法的課題として認知されていることと異なる位相があることを示唆する。時代にかかわらず、制度から外れるマイノリティたちの生と生活は確実に存在していたことを見ようとする。これはクィアの歴史を考える上で重要な指摘だが、同時に、雑誌等のマスメディアにおけるマイノリティの表象をどのように扱えるのか、また結婚の意味の変遷に関してもより詳細な検討が必要であろう。

第四章「忘れられた欲望と生存——同性婚がおきざりにするもの」は共通する問題意識に立ちながら、近年進められている同性婚や同性パートナーシップ制度を批判的に検討する。そのためにこれまでの性的少数者の社会運動を円念に振り返り、そのなかに「同化」と「抵抗」という二つの異なるモーメントがあることを見出す。そして「可視化」や「多様性」が喧伝される現在において実は進んでいるのは、制度保障の裏側での不可視化と排除であることを論証する。

筆者は連帯の困難さを結論としているが、本章全体では逆に連帯への希求を前景化させているようでもある。

続いて第五章「結婚制度の政治性と同性婚——同性婚によって正当化される結婚制度」も同性婚を問う。本章が参照点とするのはフェミニズム理論である。いうまでもなくクィア・スタディーズはフェミニズムを重要な一つの源流として発展深化してきた。同時に狭義の意味での「クィア」と「フェミニズム」は常に緊張をはらむ関係でもあってきた。本章はそこを足がかりにして、同性愛者の運動の理論的意味、および結婚制度と異性愛主義の関係を探る。そして、同性婚が実現されればどのような影響があり得るのか見極めようとしている。ここで賭けられているのは結婚制度が労働の不平等な配分を不可視化させていることである。

どちらにしても「結婚、家族、労働」の構造的次元はクィア・スタディーズが向き合っている中枢の課題である。

それを受けて第六章「天皇制とジェンダー／セクシュアリティ——国家のイデオロギー装置とクィ

アな読解可能性」が問うのは天皇制とクィアの関係である。天皇制についてはフェミニズムの議論の歴史のなかで必ずしも中心的ではないとはいえ一定の批判の蓄積がある。本章はそれを踏まえた上で、クィアの観点からの見直しを行う。その作業があぶり出すのは、フェミニズムの天皇制論が、「女性天皇」の是非という論題である種の膠着を見せてしまうのに比べて、クィアによる天皇制批判がよりラディカルな道へと導かれるコントラストではないだろうか。それは、天皇制がそもそも「子産みの強制」を内在させ、「異性愛主義を存立構造」としてもつからなのか、あるいはクィア・スタディーズのもつポテンシャルなのか分からない。

本章がもたせているレズビアンへの意味づけは、本巻全体を通して改めて考えられる必要がある。

第七章「家族の物語からのクィアな逸脱――角田光代『八日目の蝉』にみる時間と空間」は、小説という形をとった家族の物語のクィアな読解を行う。そのさい注目するのが「クィアな時間性」であり、感情の様式化である。私たちの時間と感覚は、「結婚、家族、労働」の概念によって刻まれているとも言えるだろう。そこでは「典型」的なものと「逸脱」とが常に隣り合わせであることが発見される。本章はメジャーな作品の読解を通して、本巻全体が希求しているクィアの可能性を模索するものだが、最終的に印象づけられるのは、小説ではやはり問われなかった、書かれなかった世界の存在でもあるように思われる。

本巻は、クィア・スタディーズの中枢的なテーマを様々な角度から問い直しているが、それはクィア・スタディーズのみならずその外部も巻き込む、より開かれた大きな展望をも求めていることが伝わるだろうか。完成形ではないにもかかわらず、現時点でのわたしたちの最も困難で、重要な問いが共有されることを願っている。

菊地夏野・堀江有里・飯野由里子

第一章

国勢調査と同性カップル世帯

排除と可視化のはざまで

釜野さおり

はじめに

「家族」にはさまざまな側面があるが、同居している人々の間の関係を分類し世帯の構成を量的に示すことは、今の日本の家族を知るための一つの方法である[1]。例えば同居している人たちの関係は親子なのか、夫婦なのか、親族関係にない者同士なのかといった情報を得て、どのような関係にある世帯がどれくらいあるのかを数値で把握する。本章では、これらの数値を得るために実施される人口センサスにおいて、同性カップル世帯がどのように位置づけられているのかを見ていく。本章では同性カップルのみでなく、子が同居している場合も含めて同性カップル世帯と表記する。

センサスとは、母集団、すなわち調査で調べようとする対象のすべて（日本に在住するすべての人、日本に存在するすべての事業所など）を調べる調査を指す。人口センサスは、人を対象とし、人口の規模や構造、つまり人が何人いるのか、そして性別、年齢、配偶関係、職業などの属性別にはどのように構成されているかをとらえるものである。対象すべてを調査するので、全数調査あるいは悉皆調査とも言われ、母集団から一部を抽出して行う標本調査と区別される。

民族や人種の分類研究を行っている青柳は、人口センサス(以下、センサス)による規定や分類はその国に住む者にとって「もっとも権威ある、そして定期的に繰り返されることによって人々にすりこまれていく分類である」[青柳 二〇〇四:二]と述べる。同様に、センサスは、さまざまな事に関しての枠組みを作り、分類を設定し、政策の基盤になる情報を得るものであるから、「政治的」であり、国の方針を表すものである[Nobles 2001]。センサスの政治性の研究においては、完全に正確な人口のカウントなどは存在しないことを前提に、一部の人たちは数えられにくく、数えられていない個人は、民族や人種のマイノリティに偏っていることが指摘されている。本章で取り上げる同性カップル世帯も、夫婦と子からなる世帯や単身世帯とは異なり、数えられにくく、数えられていないグループに属すると言える。センサスにおいて、いかにしたら完璧に近いカウントが得られるのかを検討し実践することや、カウントされていないものをどのように推定するのかは、難しい政治的な決断であるという[Hillygus, Nie, Prewitt and Pals 2006]。

日本の国勢調査(全国の情勢を調べるという意味)も人口センサスであり、一九二〇年開始からほぼ五年おきに行われ、二〇二〇年は一〇〇周年(二一回目)である。同調査では、世帯(および世帯に属する個人)に、氏名、男女の別、出生年月、世帯主との続き柄、配偶の関係(配偶者有、未婚、離別、死別)、国籍、就業状態、所属事業所の名称と事業の種類、仕事の種類、従業上の地位、従業地または通学地、現住居の居住期間、五年前の居住地(一〇年おき)、学歴(一〇年おき)、加えて世帯の種類、世帯員の数、住居の種類、住宅の建て方がたずねられている。個々の世帯から得た回答から、例えば世帯・家族については、性・年齢別の配偶関係、世帯数、一世帯あたりの人数などが全国および都道府県別に集計される［総務省統計局 二〇一八］。国勢調査は、多数ある調査の中でもっとも重要とされている。全数調査であるため、標本調査より回答者数が多いことから、稀なものであっても把握が可能である。絶対数が少ないと思われる同性カップル世帯についても、国勢調査であれば意味のある集計が可能となる。

日本に暮らす同性カップル世帯の「数」について明らかにされているのは、二〇二〇年六月末時点でパートナーシップ認証制度を導入した五一の自治体において一〇五二組の登録がなされたことのみである［渋谷区・虹色ダイバーシティ 二〇二〇］。ここで、同性カップル世帯は自治体による認証がなされるようになる以前から存在しており、関連する議論も行われていたことを確認しておきたい。一九九〇年代に遡ると、レズビアン・バイセクシュアル女性に向けたミニコミ誌『れ組通信』（一九八八〜二〇一三）、『LABRYS』（一九九二〜九五）、雑誌『アニース』（一九九六〜七、二〇〇一〜三）において同性カップルの特集が組まれ、ゲイ雑誌『バディ』（一九九三〜二〇一九）でカップルのインタビュー記事「やっぱりふたり」が連載されていた。『まな板のうえの恋』（出雲まろう 一九九三、宝島社）や『男ふたり暮らし』（伊藤悟 一九九三、太郎次郎社）など同性カップルの生活を描く書籍も一般書店に並んだ。二〇〇〇年代には、パートナーシップ制度をテーマとした「人権2002フォーラム」が東京レズビアン&ゲイパレードで開催され、二〇〇三年には「血縁と婚姻を超えた関係に関する政策提言研究会」による調査が実施され［有田・藤井・堀江 二〇〇六］、二〇〇六年には「Rainbow Talk 2006」（同性パートナーの法的保障を考えるシンポジウム）が全国の五カ所で開催された。学術研究でも二〇〇〇年代から同性カップルの聞き取り調査に基づく成果が発表されている［釜野 二〇〇四；杉浦・釜野・柳原 二〇〇九；神谷 二〇一七］。

では、日本社会の一部をなしてきた同性カップル世帯は、国勢調査においてどのように扱われているのだろう。岩本〔二〇一七〕によると、同性カップル世帯であることを示す回答をしても、総務省による集計においては別世帯として扱われたり、居候や友人と同居しているとみなされ修正されたりしてきたという。事実、国勢調査の公表物には同性カップル世帯の存在を示す集計はなく、そういった回答があったことや集計の際にどのように処理されたのかの説明もなされていない。同性カップル世帯は国勢調査で想定されていないかたちなのである。詳細は後で述べることとし、まず、同性カップル世帯が集計されている海外のセンサスの例を見ていきたい。

1　海外の人口センサスにおける同性カップル世帯

センサスのような量的調査で、個人の性的指向を「同性愛、両性愛、異性愛、無性愛」といった形で特定することは難しい。便宜上の分類であることを理解した上で性的指向を把握すれば、収入、心身の健康などの性的指向による統計的な違いの有無の検証につながるが、「性的指向」を限られた選択肢に当てはめて現実を単純化してしまう問題も指摘されている〔釜野 二〇一九〕。同性カップル世帯であれば、個人の性的指向を問う必要はなく、住んでいる人同士の関係を把握すればよいので簡単であると思われるが、実際には想像以上に難しいと言われている。その理由の大半は、個人の性的指向をたずねる場合と共通している。同性カップル世帯の絶対数が少ないため、異性カップル世帯の人が誤って同性カップル世帯と判断される回答をすると、それが少数であっても同性カップル世帯の過大推定につながってしまう問題、分析に耐えうるだけの数を捉えるには調査規模が大きいことが望ましい一方で、万人向けの大規模調査では、設問や選択肢を簡素化する必要があるため把握できる内容が限られる。また、人々はスティグマのあることを回答することに抵抗があることなどが指摘されている［Cortina and Festy 2014］。同性同士の親密な関係に対する差別や偏見があり、それによって不利益を被る可能性がある以上、同性カップルで生活していても、調査では単身であると答えたり、相手との関係を友人として回答したり、調査自体に回答しなかったりすることがある。

こうした困難はあるが、公的調査で同性カップルを把握している国は少なくない。例えば、カップル一〇〇〇世帯に占める同性カップル世帯数はアメリカで一四（二〇一五年）、イギリスで一〇（二〇一六年）、カナダで九（二〇一六年）、ドイツで六・八、オーストラリアで七・二（二〇一一年）、アイスランドで四・二（二〇一一年）である（カナダ統計局［Statistics Canada 2017］を参考に、各国の統計局が公表している数値から筆者が計算）。中南米の国々についても同様に、アルゼンチン三・三（二〇一〇年）、チリ二・七（二〇一二年）、ウルグアイ二・三（二〇一一年）と報告されている［Goldani, Esteve and Turu 2013］。これらのデータに基づくと、同性カップル世帯が全カップル世帯に占める割合は概ね〇・二～一・四％である。(2)

では、同性カップル世帯数はセンサスでどのような方法で把握されているのだろう。センサスは世帯を単位とし、その多くは世帯内の一人を参照基準として他の世帯員がその人とどのような関係にあるかの記入が求められる。同性カップルの把握は、参照基準である「世帯員一」（Person 1）との関係が、「同性の配偶者」、「同性の結婚していないパートナー」のように関係と性別が同時に示される場合と、「配偶者」、「パートナー」のように性別が特定されない関係の回答と、別の設問でたずねられた各世帯員の性別の回答の組み合わせから判断される場合がある。(3)

（1）カナダ、イギリス、オーストラリア、ニュージーランドの例

カナダ

二〇〇一年調査から同性カップルが把握されるようになったカナダでは、性別と関係を一問でたずねている。「世帯員一の事実婚パートナー（同性）」が選択されれば世帯に同性カップルがいることがわかる。二〇〇六年調査では、二〇〇一年の経験で得た「異性」や「同性」を選択肢の冒頭に持ってくる方がよいとの知見を反映させ [Cortina and Festy 2014]、「同性の事実婚パートナー」に変更した。カナダでは、二〇〇三年から一部の州で、二〇〇五年からは全土で、同性間の婚姻が可能となった。二〇〇六年調査では、同性の配偶者という選択肢は設けずに「その他」の記入例に挙げ、二〇一一年調査で「同性で婚姻関係にある配偶者」を追加した（異性の選択肢は「世帯員一の異性の夫または妻」）。

二〇二一年調査では、関係の選択肢の「同性の」、「異性の」という表現に対して批判的な意見が出たことから、それらがなくても同性カップルか異性カップルかの判断ができることを試験調査で確認した上で、「世帯員一の夫・妻」、「世帯員一の事実婚パートナー」と変更し、世帯員の性別情報と合わせて同性カップル世帯が把握される予定である。

イギリス

イギリスのセンサスでは、複数の問いから同性カップル世帯を把握している。調査票には世帯票と個人票があり、世帯票では一九九一年調査から「カップルとして同居している」を選択肢に設け、二〇〇一年にはそれを「パートナー」に変更し、二〇一一年では「同性のシビルパートナー」（二〇〇四年から制度導入）を追加した。シビルパートナー（法的に承認されたパートナー関係）として登録していない

図1　カナダのセンサス調査票：世帯員2からみた世帯員1との関係

2001

- 12 ◯ Husband or wife of Person 1
- 13 ◯ Common-law partner (opposite-sex) of Person 1
- 14 ◯ Common-law partner (same-sex) of Person 1
- 15 ◯ Son or daughter of Person 1
- 16 ◯ Son-in-law or daughter-in-law of Person 1
- 17 ◯ Grandchild of Person 1
- 18 ◯ Father or mother of Person 1
- 19 ◯ Father-in-law or mother-in-law of Person 1
- 20 ◯ Brother or sister of Person 1
- 21 ◯ Brother-in-law or sister-in-law of Person 1
- 22 ◯ Lodger or boarder
- 23 ◯ Room-mate

Other — *Specify*

24 ☐

2006

- ◯ Husband or wife of Person 1
- ◯ Opposite-sex common-law partner of Person 1
- ◯ Same-sex common-law partner of Person 1
- ◯ Son or daughter of Person 1
- ◯ Son-in-law or daughter-in-law of Person 1
- ◯ Grandchild of Person 1
- ◯ Father or mother of Person 1
- ◯ Father-in-law or mother-in-law of Person 1
- ◯ Grandparent of Person 1
- ◯ Brother or sister of Person 1
- ◯ Brother-in-law or sister-in-law of Person 1
- ◯ Lodger or boarder
- ◯ Room-mate

Other — *Specify*

2011, 2016

- ◯ **Opposite-sex** husband or wife of Person 1
- ◯ **Opposite-sex** common-law partner of Person 1
- ◯ **Same-sex** married spouse of Person 1
- ◯ **Same-sex** common-law partner of Person 1
- ◯ Son or daughter of Person 1 only
- ◯ Grandchild of Person 1
- ◯ Son-in-law or daughter-in-law of Person 1
- ◯ Father or mother of Person 1
- ◯ Father-in-law or mother-in-law of Person 1
- ◯ Brother or sister of Person 1
- ◯ Foster child
- ◯ Room-mate, lodger or boarder

Other relationship – specify:

2021（予定）

- ◯ Husband or wife of Person 1
- ◯ Common-law partner of Person 1
- ◯ Son or daughter of Person 1 only
- ◯ Grandchild of Person 1
- ◯ Son-in-law or daughter-in-law of Person 1
- ◯ Father or mother of Person 1
- ◯ Father-in-law or mother-in-law of Person 1
- ◯ Brother or sister of Person 1
- ◯ Foster child
- ◯ Roommate, lodger or boarder

Other relationship – specify:

出典：https://www12.statcan.gc.ca/census-recensement/pc-eng.cfm

図2　イギリスのセンサス調査票

個人票：婚姻の状態

2001

4 What is your marital status (on 29 April 2001)?

- ☐ Single (never married)
- ☐ Married (first marriage)
- ☐ Re-married
- ☐ Separated (but still legally married)
- ☐ Divorced
- ☐ Widowed

2011

4 On 27 March 2011, what is your legal marital or same-sex civil partnership status?

- ☐ Never married and never registered a same-sex civil partnership
- ☐ Married
- ☐ Separated, but still legally married
- ☐ Divorced
- ☐ Widowed
- ☐ In a registered same-sex civil partnership
- ☐ Separated, but still legally in a same-sex civil partnership
- ☐ Formerly in a same-sex civil partnership which is now legally dissolved
- ☐ Surviving partner from a same-sex civil partnership

2021

4 On 21 March 2021, what is your legal marital or registered civil partnership status?

- ☐ Never married and never registered a civil partnership ➔ GO TO 6
- ☐ Married
- ☐ In a registered civil partnership
- ☐ Separated, but still legally married
- ☐ Separated, but still legally in a civil partnership
- ☐ Divorced
- ☐ Formerly in a civil partnership which is now legally dissolved
- ☐ Widowed
- ☐ Surviving partner from a registered civil partnership

5 Who is (was) your legal marriage or registered civil partnership to?

- ☐ Someone of the opposite sex
- ☐ Someone of the same sex

世帯票：世帯員同士の関係*

1991

Relationship to Person No.1

- Husband or wife ☐ 1
- Living together as a couple ☐ 2
- Son or daughter ☐ 3
- Other relative ☐ *please specify* ______
- Unrelated ☐ *please specify* ______

2001

Relationship of Person 3 to Person ➔ 1 2

	1	2
Husband or wife	☐	☐
Partner	☐	☐
Son or daughter	☐	☐
Step-child	☐	☐
Brother or sister	☐	☐
Mother or father	☐	☐
Step-mother or step-father	☐	☐
Grandchild	☐	☐
Grandparent	☐	☐
Other related	☐	☐
Unrelated	☐	☐

2011

How is Person 3 related to Persons: ⟶ 1 2

	1	2
Husband or wife	☐	☐
Same-sex civil partner	☐	☐
Partner	☐	☐
Son or daughter	☐	☐
Step-child	☐	☐
Brother or sister	☐	☐
Step-brother or step-sister	☐	☐
Mother or father	☐	☐
Step-mother or step-father	☐	☐
Grandchild	☐	☐
Grandparent	☐	☐
Relation - other	☐	☐
Unrelated (including foster child)	☐	☐

2021（予定）

How is Person 3 related to Person: 1 2

	1	2
Husband or wife	☐	☐
Legally registered civil partner	☐	☐
Partner	☐	☐
Son or daughter	☐	☐
Stepchild	☐	☐
Brother or sister (including half-brother or half-sister)	☐	☐
Stepbrother or stepsister	☐	☐
Mother or father	☐	☐
Stepmother or stepfather	☐	☐
Grandchild	☐	☐
Grandparent	☐	☐
Relation – other	☐	☐
Unrelated (including foster child)	☐	☐

出典：https://calls.ac.uk/guides-resources/census-forms/

*2001年、2011年、2021年の例では、世帯員3と世帯員1、2それぞれとの関係の回答欄を示している。

「パートナー」の場合、性別の回答で同性同士か否かが判断される。また個人票の婚姻・パートナーシップ状況の問いでも二〇一一年調査以降「シビルパートナー」を選択肢に追加した。二〇一八年から異性間でもシビルパートナーとして登録可能となったことから、二〇二一年調査の世帯票の選択肢を「夫・妻」「法的に登録しているシビルパートナー」「パートナー」と単純化し、個人票で相手の性別をたずねることとなっている。

二〇〇一年以降のイギリスのセンサスには、「世帯員一」との関係のみでなく、すべての世帯員との関係を記入するという特徴がある。例えば世帯員一が成人女性、世帯員二がその女性の娘、世帯員三が世帯員二の女性パートナーである場合、世帯員二と三の関係は「同性カップル」として把握される。ここで挙げた他の国では、仮に世帯員二と三が同性カップルであってもカウントされないため、実際より少なく推定される。

オーストラリア・ニュージーランド

オーストラリアのセンサスでも、性別と関係から同性カップル世帯を特定し、一九九六年以降、公表されている。選択肢は二〇〇六年、二〇一一年、二〇一六年すべてにおいて「夫または妻」と「事実婚パートナー」である。ニュージーランドのセンサスでも、一九九六年から性別と関係によって捉えられている[Statistics New Zealand 2010]。世帯票の選択肢は、婚姻と事実婚を分けず、「私の妻または夫またはパートナーまたは事実婚の相手」となっている。二〇〇六年と二〇一三年では選択肢に「同性」「異性」をつけていたが、二〇一八年では関係のみである。個人票で同居人をすべて挙げ、二〇〇六年と二〇一三年では、異性のまたは同性の「法的な夫・妻」、「法的に登録したシビルユニオンのパー

図3　ニュージーランドのセンサス調査票

個人票：同居している人　　世帯票：世帯員２からみた世帯員１との関係

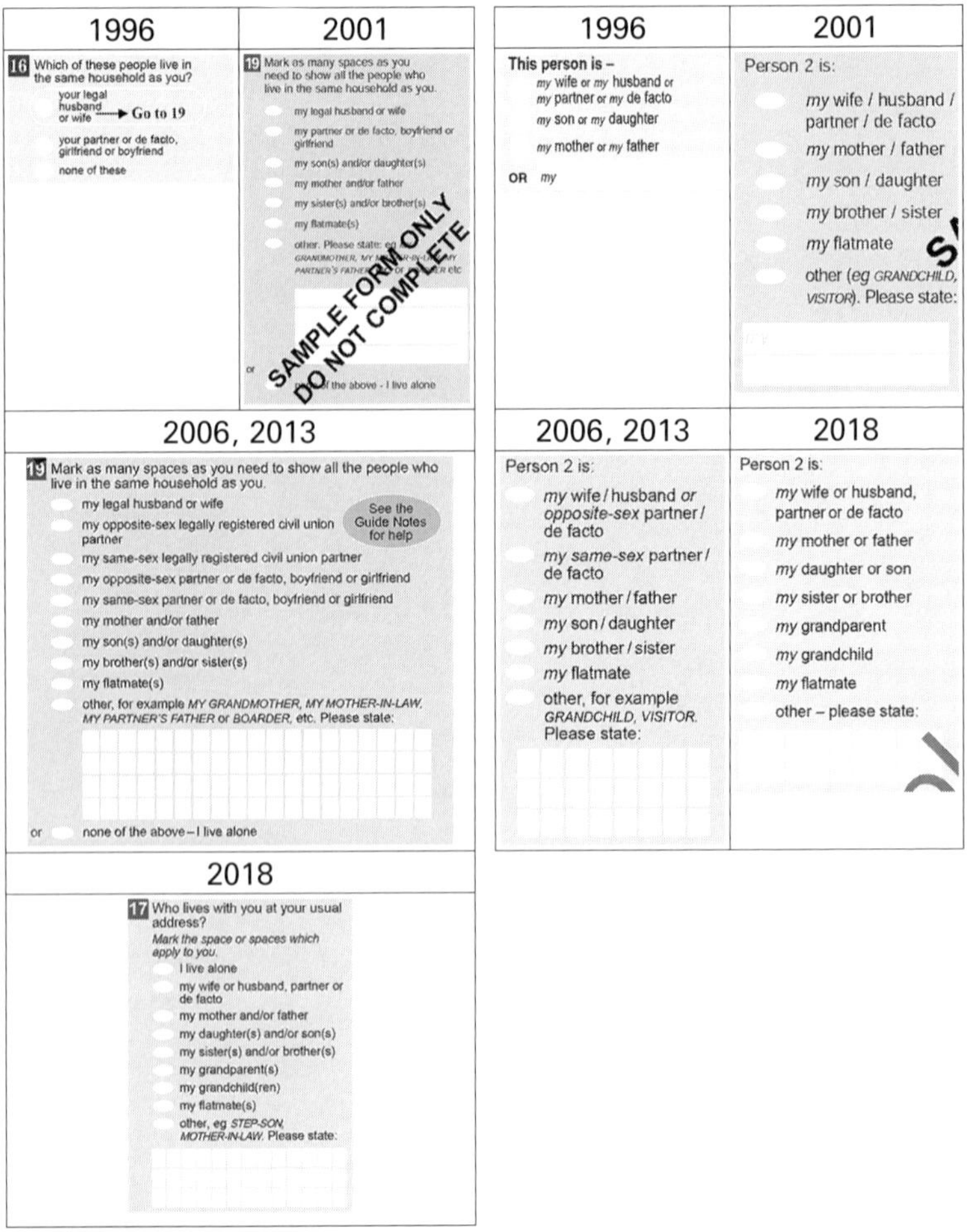

個人票：同居している人

1996

16 Which of these people live in the same household as you?
your legal husband or wife → Go to 19
your partner or de facto, girlfriend or boyfriend
none of these

2001

19 Mark as many spaces as you need to show all the people who live in the same household as you.
my legal husband or wife
my partner or de facto, boyfriend or girlfriend
my son(s) and/or daughter(s)
my mother and/or father
my sister(s) and/or brother(s)
my flatmate(s)
other. Please state: eg GRANDMOTHER, MY MOTHER-IN-LAW, MY PARTNER'S FATHER OR BOARDER etc
or none of the above - I live alone

SAMPLE FORM ONLY
DO NOT COMPLETE

2006, 2013

19 Mark as many spaces as you need to show all the people who live in the same household as you.
my legal husband or wife
my opposite-sex legally registered civil union partner
See the Guide Notes for help
my same-sex legally registered civil union partner
my opposite-sex partner or de facto, boyfriend or girlfriend
my same-sex partner or de facto, boyfriend or girlfriend
my mother and/or father
my son(s) and/or daughter(s)
my brother(s) and/or sister(s)
my flatmate(s)
other, for example MY GRANDMOTHER, MY MOTHER-IN-LAW, MY PARTNER'S FATHER or BOARDER, etc. Please state:
or none of the above – I live alone

2018

17 Who lives with you at your usual address?
Mark the space or spaces which apply to you.
I live alone
my wife or husband, partner or de facto
my mother and/or father
my daughter(s) and/or son(s)
my sister(s) and/or brother(s)
my grandparent(s)
my grandchild(ren)
my flatmate(s)
other, eg STEP-SON, MOTHER-IN-LAW. Please state:

世帯票：世帯員２からみた世帯員１との関係

1996

This person is –
my wife or *my* husband or
my partner or *my* de facto
my son or *my* daughter
my mother or *my* father
OR *my*

2001

Person 2 is:
my wife / husband / partner / de facto
my mother / father
my son / daughter
my brother / sister
my flatmate
other (*eg* GRANDCHILD, VISITOR). Please state:

2006, 2013

Person 2 is:
my wife / husband *or opposite-sex* partner / de facto
my same-sex partner / de facto
my mother / father
my son / daughter
my brother / sister
my flatmate
other, for example GRANDCHILD, VISITOR. Please state:

2018

Person 2 is:
my wife or husband, partner or de facto
my mother or father
my daughter or son
my sister or brother
my grandparent
my grandchild
my flatmate
other – please state:

出典：2006年以前：http://archive.stats.govt.nz/Census/about-2006-census/2006-census-definitions-questionnaires/forms.aspx#gsc.tab=0)；2013年以降 https://cdm20045.contentdm.oclc.org/digital/

トナー」、「パートナー・事実婚相手・ボーイフレンド・ガールフレンド」の選択肢がある。二〇一八年では「同性」、「異性」が削除され、関係の選択肢は「妻・夫・パートナー・事実婚相手」のみであるが、婚姻・パートナーシップ状況をたずねる設問の選択肢「法的に婚姻関係にある、シビルユニオンとして登録している」と併せて判別できる。

(2) アメリカの例

最後に、試験的研究や集計方法の検討過程の文献が豊富なアメリカのセンサスをみると、初回の一七九〇から一九三〇年調査までは家長（family head、例外年あり）、一九四〇年から一九七〇年調査までは世帯主（household head）、一九八〇年調査以降はフェミニストたちの運動の成果で、世帯内での不平等な関係を想起させる「世帯主」ではなく、「世帯員一」との関係を捉えるようになった［Presser 1998］。

アメリカの調査では別々にたずねた性別と関係の組み合わせで同性カップル世帯を捉える。「ルームメイト・パートナー」として選択肢に「パートナー」が出現したのは一九八〇年調査である。そして一九九〇年に「結婚していないパートナー」が追加され、同性カップル世帯の把握が可能となった。二〇一〇年調査までは「世帯員二」の性別が「世帯員一」と同じで、関係が「結婚していないパートナー」であればそのまま集計されたが、関係が「妻・夫」の場合の扱いは、毎回異なる。一九九〇年では一方の性別が修正され、二〇〇〇年では関係が「妻・夫」から「結婚していないパートナー」に修正され、二〇一〇年では回答どおりに集計されている。

二〇二〇年調査の選択肢には、「異性の夫・妻・配偶者」、「異性の結婚していないパートナー」、「同性の夫・妻・配偶者」、「同性の結婚していないパートナー」の四つを冒頭に記載することや、インタ

図4　アメリカのセンサス調査票:世帯員2からみた世帯員1との関係

1990年

If a RELATIVE of Person 1:

- ○ Husband/wife
- ○ Natural-born or adopted son/daughter
- ○ Stepson/stepdaughter
- ○ Brother/sister
- ○ Father/mother
- ○ Grandchild
- ○ Other relative

If NOT RELATED to Person 1:

- ○ Roomer, boarder, or foster child
- ○ Housemate, roommate
- ○ Unmarried partner
- ○ Other nonrelative

2000年

2 **How is this person related to Person 1?**
Mark ☒ *ONE box.*

- ☐ Husband/wife
- ☐ Natural-born son/daughter
- ☐ Adopted son/daughter
- ☐ Stepson/stepdaughter
- ☐ Brother/sister
- ☐ Father/mother
- ☐ Grandchild
- ☐ Parent-in-law
- ☐ Son-in-law/daughter-in-law
- ☐ Other relative — *Print exact relationship.*

If NOT RELATED to Person 1:

- ☐ Roomer, boarder
- ☐ Housemate, roommate
- ☐ Unmarried partner
- ☐ Foster child
- ☐ Other nonrelative

2010年

2. How is this person related to Person 1? *Mark* ☒ *ONE box.*

- ☐ Husband or wife
- ☐ Biological son or daughter
- ☐ Adopted son or daughter
- ☐ Stepson or stepdaughter
- ☐ Brother or sister
- ☐ Father or mother
- ☐ Grandchild
- ☐ Parent-in-law
- ☐ Son-in-law or daughter-in-law
- ☐ Other relative
- ☐ Roomer or boarder
- ☐ Housemate or roommate
- ☐ Unmarried partner
- ☐ Other nonrelative

2020年

3. How is this person related to Person 1? *Mark* ☒ *ONE box.*

- ☐ Opposite-sex husband/wife/spouse
- ☐ Opposite-sex unmarried partner
- ☐ Same-sex husband/wife/spouse
- ☐ Same-sex unmarried partner
- ☐ Biological son or daughter
- ☐ Adopted son or daughter
- ☐ Stepson or stepdaughter
- ☐ Brother or sister
- ☐ Father or mother
- ☐ Grandchild
- ☐ Parent-in-law
- ☐ Son-in-law or daughter-in-law
- ☐ Other relative
- ☐ Roommate or housemate
- ☐ Foster child
- ☐ Other nonrelative

出典:https://www.census.gov/programs-surveys/decennial-census/technical-documentation/questionnaires.htm

ーネット回答システムに性別の確認機能を盛り込むことが提案され、実際の調査に反映されている[Kreider, Bates, and Mayol-García 2017]。

アメリカセンサス局には研究者が所属し、集計方法や選択肢について多方面から検討している。公表後も修正が提案されたり、研究に基づく参考値が報告されたりしている。例えば同性同士の「夫・妻」と「結婚していないパートナー」の回答を比べ、両者を合わせて集計するのは適切でないとの知見を得た研究 [Fields, and Clark 1999]、氏名と性別のデータベースを用いて、性別の誤記入の背景の特定を試みる研究や [Lewis, Bates, and Streeter 2015]、二〇〇〇年調査で「結婚していないパートナー」に修正された問題を再検討する研究 [O'Connell, and Gooding 2007; O'Connell, and Lofquist 2009] などがある。

先に紹介したカナダ、イギリス、ニュージーランド等においても、センサスで同性カップル世帯を捉えることにコミットしており、過去の調査との継続性が担保できることを試験的調査で確認しながら、調査票を改訂している。また、ここで例示したすべての国で、選択肢に「その他」が用意され、具体的に記入できることも評価すべき点である。同性カップル世帯をできるだけ正確に捉えることは、その国の世帯全般を正確に捉えることにつながり、データ全体の質の向上に寄与する。

さらにこれらの国では同性間のシビルパートナーシップや婚姻など法的な整備がなされていなかった時も、同性カップル世帯の存在が調査で把握されてきたこともわかる。法的な整備がなされれば、該当する選択肢が追加されるが、事実婚や恋人同士の世帯も捉えることができている。(4)(5)

2 日本の国勢調査と同性カップル世帯

(1) 国勢調査の必要性

日本では住民基本台帳に住民が登録されているのだから、膨大な費用と時間をかけて国勢調査を行う必要があるのだろうか。この問いは、国勢調査への「よくある質問」でも取り上げられ、「地域の行政を適切に進めるにはその地域に実際に住んでいる人の状況に基づいて行う必要があるため、一定時点ですべての人口・世帯を調査する国勢調査の結果が利用されています。例えば、災害時の対策などを想定する際には、その区域に実際に居住している人や通勤・通学する人たちの数を正確に把握することが必要です。このような観点から、生活実態に即した行政運営の基準となる統計としては、住民基本台帳よりも国勢調査のデータのほうが適していると言えます」と回答されている［総務省統計局 二〇一五a］。つまり住民基本台帳や戸籍、外国人登録などとは切り離し、調査時点での生活実態を「ありのまま」回答することが期待されている。現に日本に法的な在留資格をもたない人も、調査対象となっている。また、国勢調査では学歴や通学・通勤、仕事の状況など、住民基本台帳にはない事項も調査しているため、さまざまな統計の作成が可能となる。その活用は法令に基づくもの（法定人口）から学術研究まで多岐にわたり、民主主義の基本ともいえる衆議院議員の選挙区画定の基準、指定都市や中核市の設置要件、地方交付税の交付金額の算定基準、防災計画の策定などが含まれることから、重要性は明らかである［総務省統計局 二〇一五b］。

国勢調査への回答方法は、初回一九二〇年から回答者本人が記入する方式（一九九五年までは一部調査員が聴取）が採用されてきた。回収については、二〇〇〇年までは調査員に手渡しで提出されていたが、二〇〇五年から任意で密封、二〇一〇年からは全面密封とされ、郵送提出も可能となった。二〇一五年からはオンライン回答も加わった。また調査員による記入済み調査票の確認は、二〇〇五年以降なされなくなっている。これらの変更は、回答者のプライバシーの尊重や便宜性の面からは改善であるが、記入状況の悪い調査票が確認を経ずに提出されるため、一部のデータの質の低下を招いているとも言われている［山田 二〇一六；埴淵・山内 二〇一九］。

国勢調査には回答義務があり、拒んだり、虚偽の回答をした場合の罰則も定められている（統計法第十三条）。直接回答が得られない世帯については、氏名、男女の別、世帯員数に限り、近隣の者から情報を得て調査員が記入することが可能である（国勢調査令第九条第二項）。二〇一五年調査では、全国で一三％、政令指定都市では二一％がこの方法により調査がなされた［総務省統計局国勢統計課 二〇一六］。

（2）同性カップル世帯の把握について

では、国勢調査で、同性カップル世帯はどのように扱われているのだろう。先述のとおり、同性カップル世帯は集計されていないが、調査票は、現存の同性カップル世帯（正確には、少なくともその一部）を捉えることが可能な設計となっている。ここで「一部」と述べたのは当人の認識の違いで回答内容が異なると考えられるからである。これは、婚姻届を出さずに同居している男女のカップルでも同じである。

国勢調査の調査票では、「世帯主・代表者」を参照基準とし、他の世帯員はその人との関係（続き柄）を記入する。図5に二〇一五年の調査票の該当箇所を示す。「調査票の記入のしかた」によると、世帯

図5　日本の2015年国勢調査の調査票：性別、世帯主との続き柄、配偶者の有無

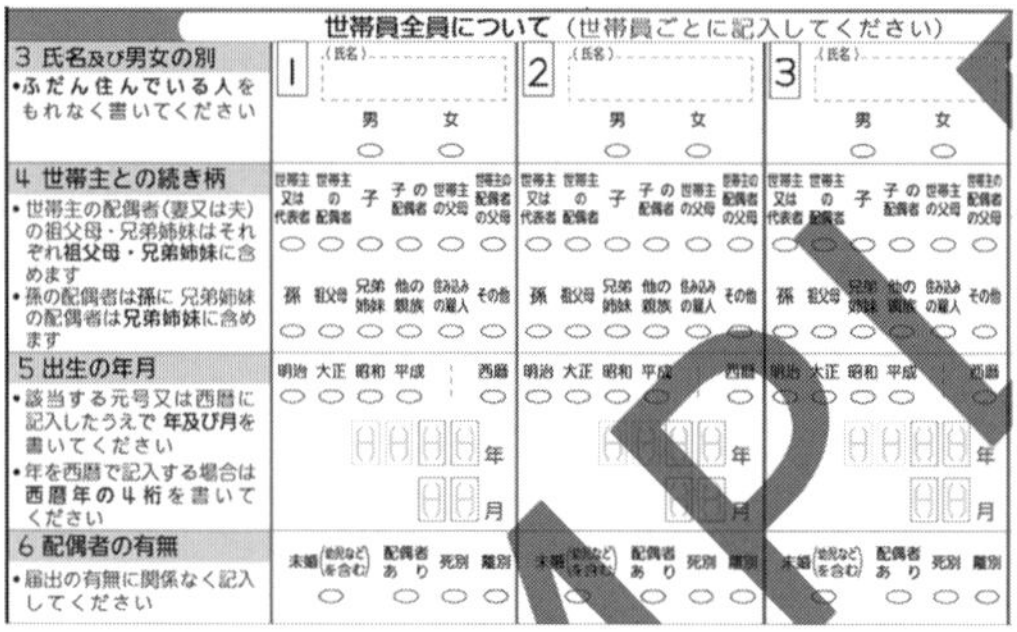

世帯員全員について（世帯員ごとに記入してください）	1	2	3
3 氏名及び男女の別 •ふだん住んでいる人をもれなく書いてください	（氏名） 男　女	（氏名） 男　女	（氏名） 男　女
4 世帯主との続き柄 •世帯主の配偶者（妻又は夫）の祖父母・兄弟姉妹はそれぞれ祖父母・兄弟姉妹に含めます •孫の配偶者は孫に 兄弟姉妹の配偶者は兄弟姉妹に含めます	世帯主又は代表者　世帯主の配偶者　子　子の配偶者　世帯主の父母　世帯主の配偶者の父母 孫　祖父母　兄弟姉妹　他の親族　住み込みの雇人　その他	世帯主又は代表者　世帯主の配偶者　子　子の配偶者　世帯主の父母　世帯主の配偶者の父母 孫　祖父母　兄弟姉妹　他の親族　住み込みの雇人　その他	世帯主又は代表者　世帯主の配偶者　子　子の配偶者　世帯主の父母　世帯主の配偶者の父母 孫　祖父母　兄弟姉妹　他の親族　住み込みの雇人　その他
5 出生の年月 •該当する元号又は西暦に記入したうえで 年及び月を書いてください •年を西暦で記入する場合は西暦年の4桁を書いてください	明治　大正　昭和　平成　西暦 年 月	明治　大正　昭和　平成　西暦 年 月	明治　大正　昭和　平成　西暦 年 月
6 配偶者の有無 •届出の有無に関係なく記入してください	未婚（死別などを含む）　配偶者あり　死別　離別	未婚（死別などを含む）　配偶者あり　死別　離別	未婚（死別などを含む）　配偶者あり　死別　離別

については「一般の家庭のように住居と生計をともにしている人びとの集まりを一つの世帯」「一人で一戸をかまえている人は一人で一つの世帯」とされている。「一般の家庭」とは何かという問題はさておき、国勢調査令（昭和五十五年政令第九十八号）第二条では、世帯を「2……住居及び生計を共にする者の集まり又は独立して住居を維持する単身者」と定義し、「3 前項の世帯と住居を共にし、独立して生計を営む単身者で、その世帯の家事又は営業のために使用されるものは、前項の世帯を構成する者とみなす」と、住み込みの雇い人は、雇い主と同一世帯とみなす旨が記されている。それ以外の単身者については、下宿・間借りしている場合（「一：第二項の世帯と住居を共にし、独立して生計を営む単身者」）、ホテル、簡易宿泊所、社宅などに住んでいる場合（「二：……営利を目的とする宿泊施設又は従業員のための宿舎に住居のある単身者」）、他の単身者らと一緒に住んでいる場合（「三：前二号に該当しない単身者の集まり」）、その他（「四：前三号に該当しない単身者」）が、すべて「世帯」とみなされている。つまり住居が同じであることは「世帯」の絶対的な条件であるが、生計を共にすることは必須でなく、ましてや法的なつながりや婚姻は不要であることがわかる。

「世帯主・代表者」については、「記入のしかた」で「世帯員の

うち一人を「世帯主又は代表者」とします」と述べられている。国勢調査令によると、「世帯主」は、単身者で住居を共にする者の集まり以外の「世帯を主宰する世帯員」、「代表者」は、単身者で住居を共にする者の集まりによる「世帯を代表する世帯員」である。「平成二七年国勢調査ユーザーズガイド（PDF版）」でも、「国勢調査における世帯主とは、収入の多少、住民基本台帳の届出等に関係なく、各世帯の判断によっています」とある［総務省統計局 二〇一六］。つまり誰が生計を立てているのかや住民票でどのように記載されているのかには関係なく、調査の便宜上、各世帯で決めて回答するものと理解できる。

続き柄の選択肢でカップル関係を示すものは「世帯主の配偶者」のみで、「パートナー」や「事実婚のパートナー」といったものはない。したがって、国勢調査では同性カップル世帯の実態を回答する余地がないようにみえるが、「配偶者の有無」の設問の注に「届出の有無に関係なく記入してください」とあるため、婚姻の届出は条件でないことが明確である。(6) 海外で婚姻した、挙式を行った、自治体のパートナーシップ制度を利用した、互いを配偶者であると認識している、といった場合、そのカップルは一方を便宜上「世帯主・代表者」、もう一方の続き柄を「世帯主の配偶者」、二人とも「配偶者の有無」の問いで「あり」と回答する方法が考えられる。同性カップルで養子縁組をしていたとしても、「世帯員の子」ではなく、実態に合わせて「配偶者」とすることも考えられる。互いを「配偶者」とみなすことに違和感があったり、言葉がしっくりこなかったりする場合は、「他の親族」や「その他」を選択する方法もある。これは異性間の場合も同様である。さらに言えば、異性間で婚姻届を出していても、家庭内別居のような状態なら、続き柄を「その他」、配偶者の有無を「離別」とすることも考えられる。

3　同性カップルは国勢調査にどう答えるか ◉聞き取り調査から

次に同性カップルが実際の国勢調査にどのように回答したか、あるいはするかについて、渋谷区のパートナーシップ証明書取得（検討）者からフィードバックを得ることを目的に二〇一七年に行ったインタビューから見ていく(7)。協力者は、証明書取得者および東京レインボープライド会場で区のアンケートに記入した証明書検討中の方のうち、協力意図が示された一六人である。インタビューは原則研究メンバー二名で行い、所要時間は一時間半〜二時間であった。その一部で、二〇一五年の国勢調査でどのように記入したか、今ならどのように記入すると思うかをたずねた。国勢調査について覚えていないという人も多く、調査票を渡されたもしくは書いた記憶があったのは半数に満たず、残りの半数は配布されたが回答しなかった、見た記憶がない、配られなかったという認識のいずれかであった。

二〇一五年調査時に同居していた同性カップルが配布された調査票は、二枚の場合と、一枚の場合があった。国勢調査では、原則調査員が自宅を訪問して居住実態を確認しながら調査票を配布するため、一世帯として扱われるか否かは、調査員の認識と、場合によっては回答者の認識による。

以下では、カップルが一世帯と回答したか別々の世帯として回答したかを含め、聞き取った内容から浮かび上がった特徴を述べる。

（1）役所など、公に向けた顔としての回答

まず、国勢調査を公的書類や住民票などの登録と同じにとらえ、記入内容をそれらと一致させると

の語りがみられた。Aさん（三〇代前半・男性、同居約三年）は、「区のほうにはそれぞれが世帯主っていう状態で、同一住所に住んでるっていう状況なんですけど。（中略）家計を同一にしているっていうところまでは、**渋谷区のほうにはたぶん情報が行ってないはず**」なので「うまいこと調整して書く」という。（ポイントとなる部分を筆者が太字としている。）

Bさん（三〇代後半・男性、同居約五年）は、「**役所に提出するのと同じような書面にした**（中略）証明書を取って、でも、いわゆる**戸籍が変わってるというわけではない**と判断するならば、……どう答えていいのかというと、**戸籍に準じているほうがいいのかと**」と語る。Cさん（三〇代後半・男性、同居六年半）も、**会社にはそれぞれが世帯主として届けているので、それと同じに報告する**」という。八年同居しているFさん（三〇代半ば・女性）も、「こういうのに書くときって、全部、お互い一人暮らしってことにしちゃってます」という。

Aさんのパートナー Dさん（三〇代後半・男性、同居約三年）は、「対区役所の住民票とかは……ふたりが世帯主で住所が一緒っていうスタンスを取るので……一通来るとほんとに困りますね」、「今まで、その対行政に対して自分たちの所在を見せるのは、そういうやり方しかなかったので。……戸惑いますね」という。男性二人がカップルで一つ屋根の下に暮らすことが行政では想定されていないため、納得されやすいように、それぞれが独立した世帯として回答するのが適切だと考えている様子がうかがえる。

国勢調査では届出に関係なく実態の記入を求めており、記入内容が調査以外に使われることはないが、記入する側は、公に向けた顔として統一させておきたい、他の書類と齟齬があると不都合が生じるのではないか、と考えるのかもしれない。

国勢調査での回答に渋谷区のパートナーシップ証明書はどのような役割を果たしているのだろう。一方が家計を支えもう一方が専業主婦の夫婦と類似した関係にあるGさん（四〇代前半・女性）と同居一年半のパートナーHさん（三〇代前半・女性）は、証明書を取得し、自分たちの関係を「結婚」とみなすようになったという。Gさんは、一枚の調査票に自分を代表者、パートナーを「普通に世帯主の配偶者」とし、配偶者「あり」とするという。Hさんも「ふたりで一つの家と考えているので」一枚に記入するという。証明書で「結婚に相当する関係」とされていることが、自分たちのあり方を躊躇なく示すことにつながっていると言える。Bさん（三〇代後半・男性、同居約五年）も、渋谷区の調査であればパートナーとの続き柄を「配偶者」と答えるが、国勢調査は国の調査であり、国が把握できる「戸籍が変わってるというわけではない」ため、「その他」にするという。これらの語りから、国、区など、相手によって見せ方を使い分けることがわかる。

（2）「ありのまま」を伝えようとする回答

不本意ながら実態とは異なる回答をしつつ、回答したかった内容を別のかたちで伝えようとする場合もある。Iさん（四〇代半ば・女性、同居八年）は、「ふたりが別世帯っていうふうに認識されているので。二通来てますよね（中略）自分一人世帯っていうふうには書いたけど。でも、なんか物申したいみたいな」と話す。パートナーのJさん（四〇代前半・女性）も「私は当事者なんだけど、……区のパートナーシップも取ったか、取ろうと思ってるか何かで、そういう人と住んでいるのが相方なんだけど、それを書くところがないから、何かこれについて聞きたかったら何でも答えるから言うてください……こういう者ですけど、それは数値に反映されないと思うから一人って書いてるけど、ほんまは違うんです……それを何か反映できる日が来たらどうぞピンポン押してください、みたいなことを書いて」郵送したという。

同居二〇年以上のEさん（五〇代前半・男性）も、「これ、配偶者あり、にして。どっかに書くとこなかったかな、同性パートナーみたいな、何か説明したような気がするんだけどな。うん、……なので、この下（調査票の余白）にでも書いたのかもしれない」という。こうした声は、国勢調査の集計には反映されず、また回答する側もそれを認識しているが、ありのままを回答したかったという気持ちが見て取れる。

（3）「世帯」「世帯主」「配偶者」への違和感が見える語り

調査で使われている「世帯」「世帯主」「配偶者」といった言葉に距離感や違和感を示す語りもある。Bさん（三〇代後半、同居約五年）は「同居人のような言葉も含めてであれば、……同居してますよ、この人、みたいな感じは出るんですけど、世帯となったときに、戸籍、籍、そうか籍入ってない」と、「世帯」という言葉がしっくりこない様子を語る。また「世帯主」というと関係の中で上の立場にある人という解釈がなされる。Dさん（三〇代後半・男性、同居約三年）は、「どっちが一番になるのかっていうのは、やっぱり決められない問題なので。（中略）対等な関係っていう意識があるので、勝手に物事は自分は決めますけど。だからといって、一番ではないって思います」という。

さらに「配偶者」というと従来の夫妻の扶養関係が思い浮かべられることも示された。Cさん（三〇代後半・男性、同居六年半）は「会社にはそれぞれが世帯主として届け」ており、「私たちの認識ではお互いが独立をしていて。そうですね。どちらかが別に扶養でもないですし」と、世帯主と配偶者という関係ではないという認識を語る。Bさんは、「例えば税金とかにしても……扶養家族……があるかないかでいくと、どうしても『ない』ですよね。……同じような形でこういうところ（配偶関係）にしても……『未婚です』っていう」と話す。

国勢調査上での「配偶者」は婚姻届の提出を必要とせず、連れ合いという意味も含む上下関係のないものであるが、日常的に、配偶者控除と関連づけられて用いられることが多いため、扶養関係と結びつけられるのかもしれない。さらに、Cさん（三〇代後半・男性、同居六年半）が指摘するように、「扶養とかいうことが本当にできるのであれば、またそれは別ですけども。そういうものでも、今、法律的にはないので（配偶者とは答えない）」と、自分たちは控除を受けられない現実も回答の仕方に反映していると思われる。「世帯主」についても、誰がそこに書いてもよいとされているが、実際は一般的に理解されている意味合いで、世帯で「一番上」の立場の人が書く、と考えられるのだろう。したがって、経済的に自立しており、対等な関係にあるカップルは、片方が「世帯主」、もう一方がその「配偶者」と書くことに違和感を覚えると思われる。

同性カップルが抱くこうした違和感は、国勢調査で想定されているあり方が、狭く限定的であることを浮き彫りにする。互いを「つれあい」や「パートナー」と思っていても「世帯主の配偶者」を選ぶことに抵抗があり「他の親族」や「その他」を選ぶことも、適切な選択肢がないので問いに回答しないこともありうる。男女の夫婦でも、世帯主とその配偶者として答えることに納得できない場合もあるだろう。いずれにおいても「パートナー」という選択肢があればそれを選ぶことも予想できる(8)。

（4）まとめ

ここで見てきたのは大都市に住み、証明書取得にかかる費用を支払うことができ、役所にふたりの関係を登録することができるという共通項のあるカップルであるが、国勢調査をめぐる経験や意識はさまざまであった。男女の夫婦であれば迷いなく世帯主と世帯主の配偶者として回答されるところであるが、同性カップルの場合は、渡される枚数からしてまちまちであることからも、国勢調査に世帯として回答されることが想定されてこなかったと言える。インタビューしたカップルは、同性カップルに何の保障もしない国、結婚に準ずる関係と謳う自治体、戸籍に紐づけられ、職場などに提出が求められる住民票、そして世帯の状況をありのまま報告すべきでありながら自分たちの存在が想定されていない国勢調査をめぐり、ちぐはぐな状態に置かれている。国勢調査に回答することは、日常的に関わりのある人間相手ではないが、自分たちの存在をどのように見せるかを調整する意味では、カミングアウトと共通した面がある。どこに何をどのように伝えたかを記憶し、想定される場面での交し方を用意しておく、その場に応じてどう見せるかをマネージするといった一連のメンタル作業の一部である。いくつかのカップルがそうであったように、調査など公的なものでは住民登録と統一すると決めておけば、迷わなくて済む。逆に、公的な場であるからこそ、同性同士の世帯主と配偶者と書き、欄外に詳細の説明をつけるなど、同性カップル世帯の存在を示して抵抗していくこともできる。いずれにおいても、日本の同性カップルが置かれた状況を映し出していると言えるのではないか。

4　同性カップル世帯の扱いをめぐって

国勢調査における同性カップル世帯の扱いについては、二〇〇〇年代から当事者が総務省に問い合わせたり、活動団体から要望書を提出したり、国会で質疑がなされたりしてきた。二〇一〇年九月には〝共生社会をつくる〟セクシュアル・マイノリティ支援全国ネットワーク（共生ネット）から〔共生ネット 二〇一四〕、二〇一四年一二月には共生ネットを含む六団体から、集計や選択肢に関する要望書が出されている〔明智 二〇一四〕。二〇一〇年には国会で取り上げられ、「令和二年国勢調査有識者会議」（二〇一九年三月一一日）では同性カップルの把握が議題となった。同会議の配布資料では、「同性パートナー」に関わる選択肢を設けることが「直ちには困難」である理由は、「同性パートナーに関する法制度が整備されていない」ことだと述べられている。また、同性カップルが互いを配偶者として回答したとしてもそれを集計すべきでないと主張する理由は「同性パートナーの定義が不明確な現状では、全ての当事者が『世帯主』と『世帯主の配偶者』かつ『配偶者あり』と回答するとは限らない」ためであるという〔総務省統計局 二〇一九〕。当該回答があった場合の具体的な扱いについては、二〇二〇年の予算委員会にて、「同性どうしで続き柄が『世帯主の配偶者』と記入された場合は、「配偶者というところを他の親族のところにチェックをし直すという形で対応しております」(9)との回答が政府参考人の総務省統計局長からなされた（令和二年二月二五日 予算委員会第二分科会議録（総務省所管）第一号、一一―一三）。

互いを配偶者であると認識し、住居と生計をともにしている同性カップルの場合、「虚偽の回答」にならないよう実態に沿った回答をしても、「他の親族」に修正され、修正後のデータのみが集計されることは、結果的に「虚偽の回答」をさせられたのと同じと解釈できるのではないか。互いを「配偶者」ではなく「パートナー」であると認識するカップルにとっては、実態に沿った選択肢がないため、やはり「虚偽の回答」をせざるを得ない状況に置かれていると言えるのではないか。さらに、回答通りに集計されない現実や適切な選択肢がないことが、一部の項目を無回答にしたり、調査に回答しなかったりすることにつながり、回答義務を果たす機会が奪われているのではないか。

調査される側の立場から、国勢調査の問題を取り上げた秦野［一九八七］は、プライバシー権とは、「自己情報に対する自主コントロール権」であると述べる。記入済みの調査票が（顔見知りかも知れない）調査員によって確認されることや（二〇〇五年以降廃止）、密封せずに提出させられること（二〇〇五年以降廃止）を一九七〇年代から批判し、運動を組織して改善を求めたという。ありのままに記入した回答を、修正せずに扱って欲しいという同性カップル世帯の要望も、別の意味で、自己情報に対する自主コントロール権の主張と言えるだろう。

同性カップル世帯のような「マイノリティ」を、政府の公式調査で把握することは不可能だ、周りに知られたくないと思っているのだから国の調査に本当のことを書くはずがない、正確な数がわからないのだから調べる意味がない、といった意見もあるだろう。事実、渋谷区でのインタビューから判断しても、同性カップルは考えや事情によってさまざまな回答をすると思われる。しかし「正確な数」がわからないのは同性カップルだけではない。婚姻届を出さずに同居する男女のカップルでも、その回答のされ方は異なる。さらに全数調査とはいえ、すべての人からの回答は得られず、年齢、配偶関係、国籍、労働力状態、従業上の地位、教育など項目に関わらず不詳や分類不能の数が増えている［山田 二〇一六］。「正確な数」が得られないことは、その事項を把握しない理由にはならない。国内の統計の中でもっとも「実態」に近く、人口を数える以外の集計も可能なデータを集めるために国勢調査が実施されている限り、同性カップルのみを把握の対象から除外する理由はないだろう。

さらに、同性カップルを捉えてきた海外の経験に基づくと、調査票に適切な問いを含めてそれを継続することで、徐々に同性カップル世帯であると報告する回答が増えていくという。一九九六年から同性カップル世帯をセンサスで把握してきたオーストラリアでは、当初は男性カップルも女性カップルも五〇〇〇組前後であったものが、二〇一六年では四倍以上になっている［Australia Bureau of Statistics 2018］。同国の統計局は、この増加について実際に同性カップルが増えているだけでなく、カップルを取り巻く社会的な環境の改善や法整備によって、以前は実態があってもその旨を回答していなかった人が回答するようになったためでもあると解釈している。先述の有識者委員会の資料に基づけば、日本でも同性カップルに関する法律が変われば新選択肢の追加が検討される可能性があるようだが、まずはすでに回答している同性カップルの回答をそのまま集計することが、今後につながると思われる。集計の行為は、ありのままを回答しても安全である・回答する意味があるというメッセージを送ることでもあり、新たな選択肢が設けられた際には、該当する人が躊躇なく回答できる雰囲気づくりに貢献するだろう。また、同性カップル世帯のデータを整備しておくことで、新しい選択肢が追加された際には、前後の比較が可能となる。

ところで、国勢調査で同性カップルを把握することに何のメリットがあるのだろう。まず、同性カップル世帯の数や全カップル世帯に占める割合、同性カップルの属性を示すことで、同性カップル世帯が置かれた状況を知ることができる。同性カップルはどの地域に多く住んでいるのか、どの年齢層に多いのか、いずれもが無職のカップルはどれくらいいるのかといった問いに答えることができる。さらに、女性同士、男性同士、男女の性別の組み合わせによる格差について、統計比較に基づく知見を得ることができる。つまり、カップルの性別の組み合わせ別に双方が大卒である世帯の割合や、双方が無職である割合、少なくとも一方が正規の職員である割合を示し、性別の組み合わせが世帯やそこに属す個人のウェルビーイングに影響があるのかを定量的に分析することが可能となり、施策を進める上でも、有用なデータを提供することができるのである。

おわりに◉クィア方法論の視点から

最後に、国勢調査で同性カップルを捉えることを、クィア方法論（Queer Methodologies）の視点から眺めてみる。ブラウンは、イギリスの二〇一一年センサスに性的指向のアイデンティティ、すなわち個人が自分の性的指向をどのように認識しているかの設問（レズビアン、ゲイ、バイセクシュアルなど）を含めるか否かをめぐる検討プロセスを分析した［Browne 2010］。数える、測る、数量化できる「何か」があるという前提で行われている（と思われている）調査票を用いた量的調査は、その設定や実施を通じて「何か」が定義され、固定化され、分類される。その定義や分類が規範化し、当てはまらないものやその枠組みでは解釈できないものは排除されることがクィア的視点の批判の的となっている。一方で、クィアの視点から量的調査に取り組むことで、これまで見えなかったものの可視化につながり、異性愛規範にメスを入れる可能性もあるため、量的調査を頭ごなしに批判するのは、反規範的で無秩序な面ももちうる量的調査の過程を単純化・矮小化することになる、というのが論点である［Browne 2010］。

はじめに、でも述べたようにセンサスはただの量的調査ではなく国の基幹的調査であるため、そこで実践される、何をどのように数えるかの決断は、国の姿勢を表すものでもある。政府は数えることで、ある集団、あるあり方などの「何か」を正当化し、その「何か」を測定可能と定義づけ、結果は政策検討や統計分析の基本的事実として扱われ、資源配分やサービス提供のために参照される［Browne 2010］ことも重要な点である。

国勢調査における同性カップル世帯についても、同様の考察が可能である。現行の国勢調査において、同性カップル世帯が「同性どうしの世帯主とその配偶者」と回答した場合、そのまま実態として集計されるべきであると筆者は考える。しかし、クィアの視点に立つと、互いを「配偶者」と見なし、そう回答することを躊躇しない関係のみが「同性カップル世帯」として可視化され、正当化され、規範化されることになる。同居していないカップル、同居していてもこの枠から外れるあり方、回答できない状況にあるカップルは不可視のままとなる。また、国の調査で個人のＳＯＧＩを捉えていない現状では、性的マイノリティに関わる国のデータは、国勢調査における（一部の）同性カップルに限られることになり、カップル主義的な価値観が強化される可能性もある。同性カップルを想定していない調査票で回答された同性カップル世帯を集計したところで、「世帯主とその配偶者」という規範的な組み合わせの男女のバリエーションとしての「女女」、「男男」が追加されるのみで、一般的に「わかりやすい」「受け入れやすい」あり方が可視化されている現状が保持されるだけかもしれない。

しかし、ブラウンが指摘するように、クィアの眼差しをここで止めてしまうと、量的調査によって異性愛規範を崩すポテンシャルを否定することになる。同性カップルの存在を把握し集計することを避けている日本政府の対応を見る限り、限定的であったとしても、それらを集計することは異性愛中心の世帯以外の存在に光を当てることになり、クィアの視点から見ても大きな一歩である。また、集計結果の解釈にむけて、あるいは関係の選択肢に「パートナー」など、別のものを含める可能性を検討するために、渋谷区で行ったように、回答者が調査項目をどのように理解してどのように回答するかの聞き取り調査や、試験的量的調査を行えば、世帯・カップル関係のあり方の流動性、多様性、矛盾といったものにも注目することができる。

国勢調査における最終決定は政府が下し、調査への回答が法律で義務づけられていることから、権力は国が握っていると言える。(10) しかし、調査は実施する側とされる側の双方向の営みであり、回答者の協力がなければ成り立たない。同性カップル世帯については、回答の集計方法や、選択肢について、回答者側である当事者(団体)から要望が出されているという事実がある。また個々のカップルも回答にあたって、規範的な定義を持ち込むこともあれば、抵抗する解釈を使うこともあるが、回答者側は主体的に調査に関わろうとしているのである。今後の国勢調査で、同性カップルはどのように回答するのか、調査に積極的に協力しようとし集計されることや選択肢の調整を希望している人々の声に、国がどう応えていくのか。同時に同性カップルが国勢調査という装置に取り込まれていくことへの抵抗にどう向き合うのか。今後を見守っていきたい。

註

(1) 世帯と家族には、世帯は一人でも形成できるが、一人を家族とはいわないという違いがある。世帯内の親族を家族とみなすという考えもあるが、一緒に住んでいるかどうかにかかわらず親族集団の一定の範囲を家族とみなすことの方が多い[鈴木 二〇一八]。世帯を「核家族世帯」と呼ぶように、世帯の状態をもとに、家族が類型化されている。

（2）ここでいうカップル世帯とは、カップルのみまたはカップルと子からなる世帯を指し、ひとり親世帯は含まない。国によって、同性カップルに加え、両親など別のカップルが同居している世帯や、一人の親が同居している世帯が含まれるか否かなど、細かな部分での違いはある。センサス以外も含めた欧州諸国の同性カップル世帯の統計については、Schonpflug, Klapeer, Hofmann, and Mullbacher［2018］に詳しい。

（3）台湾の二〇二〇年センサスでは、関係に「同居しているパートナー」（同居伴侶）、婚姻状況に「同居しているパートナー有」（有同居伴侶）の選択肢が新たに設けられ、異性間、同性間のカップル世帯を婚姻と同居パートナーに区別した集計が可能な設計となっている。(https://www.stat.gov.tw/public/Attachment/09291034OFDXHDYF3.pdf 二〇二〇年一一月四日最終閲覧)

（4）二〇〇〇年のアメリカのセンサスの集計は、同性間の婚姻に関わる法律に影響された例である。二〇〇〇年時点ではどの州でも同性間の婚姻を認める法律は存在しておらず、一九九六年の結婚防衛法の施行により「同性間の婚姻は認めない」のが連邦政府の見解であったため、センサス局は婚姻として回答した同性カップルを「結婚していないパートナー」に修正したが、同性カップル世帯は、集計されていた。

（5）センサスにおけるSOGIをめぐる動きとして、出生時に付与された性別、自認している性別、性的指向の自認（本人がどの性的指向であると認識しているか）の問いを含むことが、カナダ（二〇二一年）、イギリス（二〇二一年）、ニュージーランド（二〇二三年）で計画されている。なお、センサスや他の公的調査において性別をどのように捉えるかについては別の機会に取り上げたい。本章でいう同性カップルとは調査において回答された性別に基づく「男性」同士や「女性」同士のカップルである。

（6）国連欧州経済委員会が提示する二〇二〇年人口センサスにおける結婚の扱いでは、法律婚準拠方式と事実婚準拠方式が併記されている［UNECE 2015］。日本では一九二三年改正の工場法で内縁の配偶者が初めて法制度で規定されたが、国勢調査は初回の一九二〇年調査から内縁も配偶者として捉えている。配偶者の届出の有無を問わないため、事実婚準拠方式を採用していると言える。

（7）「渋谷区パートナーシップ証明実態調査（個人調査）」は、渋谷区、特定非営利活動法人（現　認定NPO法人）虹色ダイバーシティ、研究チームの共同調査として二〇一七年七月～八月に実施された。同調査には、杉浦郁子、谷口洋幸、神谷悠介、筆者がＪＳＰＳ科研費（JP16H03709）の研究として参加し、調査設計、実査、データ作成を担い、プロジェクト終了後も本データを分析し、結果を公表できることを明記した覚書を交わした。報告書については、渋谷区のホームページを参照［渋谷区 二〇一七］。

（8）米国でゲイまたはレズビアンと認識している二八人に二〇〇〇年センサスにどのように回答したかをたずねた研究によると一二人がシングルと回答し、七人が結婚していないパートナー、三人が妻・夫を選んだ。渋谷区での結果と同様に、調査票を法的な書類と捉え、連邦政府の結婚の定義にあわせて記入するという考えが顕著で、同性カップルとしてカウントされたいという人と、されたくないという人がいた［Walther 2013］。

（9）調査票の原票（回答された紙の調査票）の保存期間は三年であるが、「調査票の内容（氏名を除く）が転写されている電磁的記録」の保存期間は永年となっている。「転写されている」は、内容に修正が施された分析用データとも、記入されたままの状態のデータとも読める。

（10）国勢調査の実施にあたっては、毎回有識者委員会が設けられ、そこで調査に関わる変更案等が議論され、内閣総理大臣の任命する委員からなる統計委員会（統計法第四十四条〜第五十一条）に諮問を行い、答申というかたちで結論や提案が示されて進められている。

参考文献

青柳真智子編［二〇一四］『国勢調査の文化人類学――人種・民族分類の比較研究』古今書院。

明智カイト［二〇一四］「同性カップルも家族です！　同性カップルの国勢調査における誤記扱いについて解説」https://news.yahoo.co.jp/byline/akechikaito/20141217-00041567/（二〇二〇年八月二五日最終閲覧）

有田啓子・藤井ひろみ・堀江有里［二〇〇六］「妥協・共存する「ニーズ」――同性間パートナーシップの法的保障に関する当事者ニーズ調査から」『女性学年報』二七、四―二八。

岩本健良［二〇一七］「国勢調査による同性カップル集計をめぐる動向――日米比較からみたマイノリティの統計的可視化の意義」『二〇一七年統計学連合大会報告要旨』。

大谷信介・木下栄二・後藤範章・小松洋・永野武［二〇〇五］『社会調査へのアプローチ――論理と方法』第二版、ミネルヴァ書房。
釜野さおり［二〇〇四］「レズビアンカップルとゲイカップル――社会環境による日常生活の相違」善積京子編『スウェーデンの家族とパートナー関係』青木書店、一一七―一四三。
――――［二〇一九］「性的マイノリティをめぐる量的データ――ダイバーシティ推進の文脈における両義性」『女性学』二六、日本女性学会発行、二二―三七。
神谷悠介［二〇一七］『ゲイカップルのワークライフバランス――男性同性愛者のパートナー関係・親密性・生活』新曜社。
共生ネット［二〇一四］「国勢調査のあり方について総務大臣あてに質問状を出しました」http://kyoseinet.blog25.fc2.com/blog-entry-172.html。（二〇二〇年八月二五日最終閲覧）
小池司朗・山内昌和［二〇一四］「二〇一〇年の国勢調査における「不詳」の発生状況――五年前の居住地を中心に」『人口問題研究』七〇（三）、三二五―三三八。
渋谷区［二〇一七］『渋谷区パートナーシップ証明実態報告書』https://www.city.shibuya.tokyo.jp/shisetsu/bunka/oowada/partnership_hokoku_kokai.html。（二〇二〇年八月二五日最終閲覧）
渋谷区・認定NPO法人虹色ダイバーシティ［二〇二〇］「令和二年度第二回全国パートナーシップ制度共同調査結果」https://www.city.shibuya.tokyo.jp/assets/shisetsu/000050170.pdf。（二〇二〇年八月二五日最終閲覧）
杉浦郁子・釜野さおり・柳原良江［二〇〇九］「女性カップルの生活実態に関する調査分析――法的保障ニーズを探るために」『日本＝性研究会議会報（JASS PROCEEDINGS）』二〇（一）、三〇―五三。
鈴木透［二〇一八］「世帯と家族」『人口学事典』日本人口学会編、丸善出版、二〇四―五。
総務省統計局［二〇一五a］「平成二七年国勢調査に関するQ&A」http://www.stat.go.jp/data/kokusei/qa-1.html#a7。（二〇二〇年八月二五日最終閲覧）
――――［二〇一五b］「統計調査結果の活用事例『統計は国民の共有財産』平成二七年版国勢調査」https://

www.stat.go.jp/info/guide/kty2015/kokusei.html。（二〇二〇年八月二五日最終閲覧）

――［二〇一六］「Ⅳ国勢調査の結果で用いる用語の解説」『平成二七年国勢調査ユーザーズガイド（PDF版）』https://www.stat.go.jp/data/kokusei/2015/users-g/pdf/all.pdf。（二〇二〇年八月二五日最終閲覧）

――［二〇一八］『平成二七年国勢調査最終報告書「日本の人口・世帯」』総務省統計局。

――［二〇一九］「社会情勢を踏まえた今後の対応について（案）」令和二年国勢調査有識者会議（第五回）配布資料八 https://www.stat.go.jp/info/kenkyu/kokusei/yusiki32/sidai05.html。（二〇二〇年八月二五日最終閲覧）

総務省統計局国勢統計課［二〇一六］「平成二七年国勢調査の実施状況を踏まえた平成三二年国勢調査に向けた取り組みについて」令和二年国勢調査有識者会議配布資料。

秦野八重［一九八七］「国勢調査におけるプライバシーの問題」広田伊蘇夫・暉峻淑子編『調査と人権』現代書館、二二五—二四七。

埴淵知哉・山内昌和［二〇一九］「国勢調査「不詳」発生の関連要因——インターネット調査を用いた未提出者の分析」『E-journal GEO』一四（一）、一四—二九。

山田茂［二〇一六］「二〇一五年国勢調査結果の精度について　抽出速報集計を利用した暫定的考察」『国士舘大學政經論叢』一七八、一—三五。

Australian Bureau of Statistics [2018] Same-sex Couples in Australia, 2016, Census of Population and Housing: Reflecting Australia - Stories from the Census, 2016.

Browne, Kath [2010] "Queer Quantification or Queer (y) ing Quantification: Creating Lesbian, Gay, Bisexual or Heterosexual Citizens through Governmental Social Research," *Queer Methods and Methodologies* (Surrey, UK: Ashgate), 231-249.

Cortina, Clara, and Patrick Festy [2014] Identification of Same-sex Couples and Families in Censuses, Registers and Surveys, FamiliesAndSocieties, Working Paper Series.

Fields, Jason M. and Charles L. Clark [1999] Unbinding the Ties: Edit Effects of Marital Status on Same

Gender Couples, Working Paper Number: POP-WP034, U.S. Census Bureau.

Goldani, Ana Maria, Albert Esteve, and Anna Turu [2013] "Coming Out in the 2010 Census: Same-sex Couples in Brazil and Uruguay," XXVII IUSSP International Population Conference, Busan, Korea.

Hillygus, Sunshine, D., Norman H. Nie, Kenneth Prewitt, and Heili Pals [2006] *The Hard Count: The Political and Social Challenges of Census Mobilization* (NY: Russell Sage Foundation).

Kreider, Rose M., Nancy Bates, and Yerís Mayol-García [2017] Improving Measurement of Same-sex Couple Households in Census Bureau Surveys: Results from Recent Tests, Working Paper Number SEHSD-WP2017-28, U.S. Census Bureau.

Lewis, Jamie M., Nancy Bates, and Mathew Streeter [2015] *Measuring Same-sex Couples: The What and Who of Misreporting on Relationship and Sex*, Working Paper Number SEHSD-WP2015-12, U.S. Census Bureau.

Nobles, Melissa [2001] "Racial Categorization and Censuses," *Census and Identity: The Politics of Race, Ethnicity, and Language in National Censuses* (New Perspectives on Anthropological and Social Demography) David Kertzer and Dominique Arel (eds.) (Cambridge: Cambridge University Press) 43-70.

O' Connell, Martin and Gretchen Gooding [2007] Editing Unmarried Couples in Census Bureau Data, U.S. Census Bureau.

O' Connell, Martin and Daphne A. Lofquist [2009] Counting Same-sex Couples: Official Estimates and Unofficial Guesses, Annual Meeting of the Population Association of America, Detroit, Michigan, April 30-May 2, 2009.

Presser, Harriet B. [1998] "Decapitating the U.S. Census Bureau' s "Head of Household": Feminist Mobilization in the 1970s," *Feminist Economics* 4 (3), 145-158.

Schönpflug, Karin, Christine M. Klapeer, Roswitha Hofmann, and Sandra Müllbacher [2018] "If Queers were Counted: An Inquiry into European Socioeconomic Data on LGB (TI) QS," *Feminist Economics* 24 (4), 1-30.

Statistics New Zealand [2010] Characteristics of Same-sex Couples in New Zealand (Wellington: Statistics New Zealand).
Statistics Canada [2017] Same-sex Couples in Canada in 2016, Census in Brief, Catalogue no. 98-200-X2016007, Ministry of Industry. https://www12.statcan.gc.ca/census-recensement/2016/as-sa/98-200-x/2016007/98-200-x2016007-eng.pdf.（二〇二〇年八月二五日最終閲覧）
United Nations Economic Commission for Europe（UNECE）[2015] Conference for European Statisticans: Recommnendations for the 2020 Censuses of Population and Housing（ECE/CES/41）（New York and Geneva: United Nations）. https://www.unece.org/fileadmin/DAM/stats/publications/2015/ECECES41_EN.pdf.（二〇二〇年八月二五日最終閲覧）
Walther, Carol S. [2013] "Same-sex Couples' Construction of Census Categories," Amanda K. Baumle (ed.) *International Handbook on the Demography of Sexuality*, (Springer), 403-416.

Column

人権を守るのは誰か

谷口洋幸

LGBTの権利は人権である

「LGBTの権利は人権である（LGBT Rights are Human Rights）」という標語がある。一九九〇年代、「女性の権利は人権である（Women's Rights are Human Rights）」との標語のもと、人権領域におけるジェンダーの主流化を促進してきた国際社会の取り組みに倣い、二〇一二年に始動したLGBTと人権に関する啓発活動「自由と平等（Free and Equal）キャンペーン」の標語のひとつとなった。人は人である、ただそれだけの理由で人権の享有主体となる。女性やLGBTは特別な権利や新しい権利を求めているのではない。語られている権利は、性別や性的指向・性自認などにかかわらず、すべての人に与えられるべき人権なのだ。むしろ男性や非LGBTが、人権という名のもとで知らず知らずに受けてきた特権的な処遇こそ問い直されなければならない。標語にはそんな意味が込められている。

人権は道徳ではない

そもそも人権とは何か。世界人権宣言七〇周年にあたる二〇一八年、法務省の人権啓発ポスターには『みんなで築こう人権の世紀　～考えよう 相手の気持ち 未来へつなげよう 違いを認め合う心』とある。国が主導して行うこの人権啓発は、一人ひとりの「人権尊重思想の普及高揚」のために、「人権を尊重することの重要性を正しく認識」し、「他人の人権にも十分配慮した行動」をとり、「違いを認め合う心を育み」、「これを未来へつなげていく」ことを目的とする（カギ括弧内は趣旨文より抜粋）。

一方、国連人権高等弁務官事務所（ＯＨＣＨＲ）の人権啓発動画「人権って何？（What's Human Rights?）」は、冒頭で人権を次のように説明する。「生まれてきた人間すべてに対して、その人が能力を発揮できるように、政府はそれを助ける義務があり、その助けを要求する権利が人権。人権は誰にでもある。」と。そして、国に課された「尊重（Respect）」「保護（Protect）」「充足（Fulfil）」という三つの義務の説明が始まる。

違いは一目瞭然である。日本では人権が思いやりや他者への配慮という一人ひとりの意識や道徳の問題と捉えられているが、国際的に人権とは一人ひとりに与えられた権利であると同時に、国に課せられた義務と理解されている。人権は道徳ではない、といえば言い過ぎだが、一人ひとりの権利を守るための社会制度の構築こそ、一人ひとりの人権意識の向上への手助けとともに、むしろそれ以上に重要かつ直接的な国の役割である。

国の義務としての人権保障

一人ひとりの人権保障のために、国は三つの義務を負う。人々がしたいことを不当に制限しないこと（尊重）、人権侵害から人々を守ること（保護）、そして、人々が能力を発揮できる条件を整えること（充足）、以上の三つである。

個別の権利規定に一対一で義務が課されているのではない。人権保障を実現するために、国は複数の義務を同時並行的に果たさなければならない。たとえば、「私生活の尊重をうける権利」について。国は個人の私生活を不当に制限しない義務だけでなく、私企業や他者による権利侵害を防止し、自由や安全を脅かす要因を除去し、自立した個人として私生活を平穏かつ満足のいく状況で営むために必要な措置を講じなければならない。

「LGBTの権利は人権である」という標語のとおり、LGBTに関連する権利規定は多岐にわたる。それぞれの権利規定について、国に課せられた義務を同定することは難しい。参考になるのは、二〇〇六年に作成された『ジョグジャカルタ原則』である。正式名称を「性的指向・性自認に関連する国際人権法の適用に関する原則」という。条約機関の専門家委員や国連高等弁務官等を歴任した人権専門家らによって作成されたこの文書は、国連の公式文書でもなく、国を法的に拘束しうる文書でもない。しかしながら、この文書には個々の権利規定に加えて、作成者らが携わってきた国際的な人権保障で議論されてきた国の義務も細かく列挙されている。二〇一七年に作成された『ジョグジャカルタ原則プラス10』と合わせると、その数は一五〇を超える。特定の法規定の改正から意識啓発の実施、人権を侵害した者の訴追や処罰、被害者の救済システムの構築など、義務の具体的内容も幅広い。

国際社会からのまなざし

LGBTを取り巻く日本の現状について、条約機関や国連機関は、過去一〇数年のあいだ、さまざまな改善策を勧告してきた。

二〇〇八年、自由権規約委員会は公営住宅法の同居親族要件が性的指向差別であることを指摘した。

二〇一二年、社会権規約委員会も同じ懸念を表明し、二〇一四年には自由権規約委員会が地方自治法による権限移譲後の実質的な同居親族要件の残存に対して、早急な改善を求めている。二〇一六年には女性差別撤廃委員会から、DV防止法の保護命令等の対象に同性カップルが含まれるか明確でないことや性別適合手術への保険不適用の現実、LGBTの自死念慮の高さに懸念が述べられた。同年の勧告では、LBT女性の健康、教育、雇用における差別解消への努力を求めている。さらに二〇一九年、子どもの権利委員会はLGBTIの子どもたちへの差別解消に向けた措置の強化を勧告している。

国連人権理事会の普遍的定期審査では、日本は二〇一八年までに三度の審査を受けている。二〇〇八年の第一巡審査の段階において性的指向や性自認にもとづく差別撤廃の措置を講じるよう勧告がだされ、第二巡（二〇一二年）、第三巡（二〇一七年）と、関連する勧告数は増加し、内容も具体化してきた。性的指向や性自認にもとづく差別禁止法の制定や人権侵害の救済制度の構築に加え、ヘイトスピーチの法規制にLGBTIを含めること、性同一性障害者特例法を改正すること、同性のパートナーシップを国レベルで正式な承認へとつなげること、DV防止法に同性カップルを含めることなど、特定の法律や社会制度の改善も求められている。

日本の現状を人権の視点から考える

人権保障は、国に課された義務である。社会制度は、性的指向や性自認にかかわらず、一人ひとりの権利を守るために構築されなければならない。この視点から日本の現状を考えれば、たとえば次のようなことが言える。

性同一性障害者特例法の不妊要件や未婚要件は、一人ひとりの性自認の法的承認への不当な制約であり、国の人権「尊重」義務に違反する。性的指向や性自認などを理由とする差別の解消や人権侵害の被害者救済制度の不在は、国の人権「保護」義務をみたしていない。同性のパートナーシップを法的に無視し、性的指向によって一人ひとりが能力を発揮する条件の整備に差異を設け続ければ、国が人権「充足」義務を果たしているとはいえない。

国に課せられた義務のごく一部をみても、日本の現状は人権の実現からほど遠い状況にある。一人ひとりの「人権尊重思想の普及高揚」はもちろん重要である。しかし、国に課された義務を即座に履行し、一人ひとりが安心・安全に暮らせる社会制度を構築することこそ、人権の本質であることを忘れてはならない。

参考文献

一般財団法人アジア太平洋人権情報センター［二〇一八］『人権ってなんだろう?』解放出版社。

第二章

ようこそ、ゲイ・フレンドリーな街へ

スペースとセクシュアル・マイノリティ

清水晶子

1.　二〇一五年の七月、安保関連法案に反対する国会前行動に参加していたわたしの目の前で、封鎖された交差点を横切ろうとしたひとが警察に拘束された。歩道にあふれんばかりのひとの群れは、それほど混みあっているようでもない交差点の向こう側に行こうとしていたが、それが許されないのはあきらかだった。「立ちどまらないで」「ここからは出ないで」という警察からの指示の頻繁さと、その指示を守らせるために歩道沿いに一列にならぶ警察官の多さとが、その日、つよく印象にのこった。安全確保のためのある程度の群衆整理は必要なのだとしても、すこし電車が遅れたときの都心の通勤ラッシュを思えば、混雑の程度に比して警察の「整理」はいかにも過剰に感じられた。

2.　それはこの「整理」が、さかのぼること数カ月前の別のできごとを想起させたからかもしれない。四月の末、わたしは東京の『レインボー・パレード』に参加して渋谷の街を歩き、そのまま同日に同じ渋谷で開催された『沖縄・辺野古に基地はいらない！　4・26渋谷サウンドパレード』にも参加した。同じ日にほぼ同じ場所でおこなわれたふたつのウォークを歩くことで実感されたのは、前者とくらべての後者のペース配分の気ままさだった。『レインボー・パレード』が、「立ち止まらないでください」「前の人とのあいだを詰めてください」とひっきりなしに呼びかけ、少し足早に歩くよう促していたのに対して、『辺野古に基地はいらない』は——こちらの方が警官の数は明らかに多かったのにもかかわらず——実にゆったりとすすんだ。人々はほとんど勝手気ままなペースで歩き、ときに立ちどまって、整理にあたる警官の「進んでください、前の人から間隔をあけないで」との呼びかけにとりたてて反発するわけではなく、しかしまたそれを特に意に介してもいないように見えた。ふりかえって「わたしたち」の——性と身体のあり方を統御する既存の規範からの〈自由〉を主張してきたはずの性的少数者の——身体がパレードで公道を歩くにあたって、気ままであるよりはむしろ従順であるようにふるまっていたのは、どういうことなのだろうか。渋谷からの帰り道、わたしはそんなことを考えていた。

3. それからさらにひと月ほどさかのぼる二〇一五年四月一日、渋谷区は、同性のパートナーに対するパートナーシップの公的証明書の発行をふくむ「渋谷区男女平等及び多様性を尊重する社会を推進する条例」を施行した。これは「同性カップルを『結婚に相当する関係』と認める」「全国初」(1)の試みとして、広く報道された。条例を推進した区長は、「この街がダイバーシティを実現して、クリエイティブな街にしていく」にあたって性的少数者が果たす「役割は大きい」として、性的少数者の存在が「普通の景色になっていく街をつくりたい」と述べている(2)。

またしてもその少し前になる三月一三日、東京地裁は渋谷区内の公園からの野宿者の強制排除について、区に野宿当事者に対する損害賠償の支払を命じた。東京五輪を見据えた再開発が予定されている渋谷区では、ナイキ社にネーミングライツを提供して夜間施錠型へと変容した宮下公園の例をはじめ、二〇一四年度末の野宿者への炊き出しの区内公園からの締め出しなど、公的空間からの野宿者の物理的排除が進んでいた。(3)

＊＊＊＊

どの場に、どの身体が、どのようなあり方で、その存在を許されるのか。

それは、性的少数者の政治と運動において、常にきわめてクルーシャルな問題であり続けてきた。レズビアンやゲイ、バイセクシュアルがどこで「カムアウト」するのか／することができるのか、という「クローゼット」の問題。身体を男女に二分して管理する社会において、トランスジェンダーがどのトイレやどの更衣室を安全にかつ納得するかたちで使用できるのか、という問題。

同時にこれは、健常性とアクセスにかかわる問題でもある。誰が、どこに行くことができ、どこにいることが物理的に不可能にされているのか。誰が、どの場で、どのように動くことを要求され、誰にとってその要求がその場への参加そのものを困難にするのか。都市空間を考えるとき、それはもちろんジェントリフィケーションと（経済）階層の問題でもあるだろう。渋谷のあの公園にいることが認められるのは、誰なのか。いつ、どのように「いる」ことが認められ、どのように「いる」ことは認められないのか。さらにこれは、国境線の問題でもある。特定の国境線の内側に移ってくること、あるいはそこに住まうことを、誰が認められるのか。すでに同じ国境線の内側に住んでいるひとのなかで、「場」へのフル・パーティシペイションを認められるのは誰で、そうでないのは誰なのか。

その意味で、スペースの問題は、常に性的少数者の問題であり、そしてまた、それぞれの健常性や階層、あるいは人種や国籍によって性的少数者同士を分断する問題である。それは性的少数者とほかのマイノリティとを必然的に横断し、しかしだからこそ連帯を要請する、ということもできるだろう。

このため、性的少数者とスペースの問題は、英語圏においては地理学とレズビアン／ゲイ・スタディーズとを横断しつつ重要な論点として議論されてきた。とりわけ八〇年代のエイズ危機の時代から、九〇年代に入って性的少数者の社会的地位の向上と権利保障とがすすむにつれ、人種、民族、国籍、ジェンダー、社会階層などに基づく「性的少数者」内の格差が際立ってきたことは、議論をさらに促すことになった。「どの」性的少数者が「どの」スペースへの参入を認められ、それによって「性的少数者」と「スペース」のかかわりはどう変化するのか。それが、レズビアン／ゲイ・スタディーズやクィア・スタディーズの諸研究が、性的少数者の移民や難民の問題、国家主義とセクシュアリティの政治との関係、ネオリベラルな政策の性的少数者への影響、あるいは健常主義と異性愛主義との接続などを考察するにあたって、重要な論点としてクローズアップされてきたのである。

しかしながら、レズビアン／ゲイ・スタディーズやクィア・スタディーズのこのような議論も、その議論の前提となる米英の性的少数者とスペースの政治の変遷も、日本で十分に紹介されてきたとは言えない。日本語での同様の研究も開始されているとはいえまだ少数に過ぎない(4)。性的少数者が街の「普通の景色」になることを期待する一方で野宿者に公園を出ることを要求する渋谷に象徴されるように、日本の性的少数者の政治もまた「スペース」とのかかわりを変えつつあるのだとすれば、英語圏におけるこれらの議論を整理しておくことにも、一定の価値があるだろう。本章は、米英の性的少数者による／をとりまくスペースの政治が何を問題とし、どう変遷してきたのか、そしてレズビアン

／ゲイ・スタディーズやクィア・スタディーズの諸研究がそれをどのように理解してきたのかを整理することを目的とする。本章のなかでは問われない、しかし本章をつうじてその背後にある問いは、次のものである――日本の性的少数者の政治は、どこまで米英のそれと近似する問題に直面し、どこで異なるのだろうか。それはどのような問題に、あるいは可能性に、つながるのだろうか。そして、そのような日本の性的少数者の政治を念頭におきつつ、複数のマイノリティの横断と連帯の可能性は、どのように想像できるのだろうか。

1 プライバシー・イン・パブリック

米英の性的少数者、とりわけ同性愛者[5]の運動の歴史において、同性愛嫌悪的な社会にあって「同性愛者でいることのできる場」の確保や探求がいかに重要だったかは、たとえばクローゼット（そしてそれとしばしば組みあわせて語られるカミングアウト）という「空間的」モチーフの訴求力に見てとれる[6]。あるいは、もはや古典的なゲイ・アンセムのひとつである『ゴー・ウェスト』が、ある場から別の場――「冬も太陽がかがやき」「僕らが問題なくやっていける」、多分にユートピア的な場――への移動を歌い上げたものであったことや、同じく古典的な「ゲイ映画」である『オズの魔法使』（ヴィクター・フレミング監督、一九三九年）が、竜巻による移動を通じてドロシーと観客とをキャンプなテクニカラーのオズの国へと導きいれたことを、思い出してもよいだろう。ジョン・デミリオが主張したように資本主義の発展にともなう労働人口の都市部への流入がゲイ・アイデンティティの形成に大きな役割を果たしたのだとすれば［D'Emilio（1983）1999］、それは、ジョゼフ・ブリストウの言葉を借りれば「ゲイであることが可能なのは、特定の場と空間において」だったからである［Bristow 1989：74］。同性愛者にとってスペースとアイデンティティが相互に関係してきたのだというこの認識は、スペースをめぐる闘争を権利の主張と結びつける議論の展開を促した［Bell and Binnie 2004：1810; Bell, Binnie, Cream and Valentine 1994］。そして、とりわけ都市部における「ゲイであることが可能な場」の探求は、否応なく、パブリックとプライベートという二つの領域の区分線との交渉と、そしてプライベートな領域――ドメスティックな「家族」の領域――の書き換えとを、もたらすことになる。

都市部への移動と集約の結果、同性愛者は都市部に独自の社会的、政治的、文化的な集団とスペースとを形成することになった［Valentine 2002：146; Bell and Valentine 1995：4］。特定の地区にゲイ・バーやゲイ・クラブ、書店などが集まり、「ゲイ・ゲットー」とも呼ばれる空間がうまれたのだ。しかし同時に注意しなくてはならないのは、明確にほかと区分されうるバーやクラブなどと同様の重要性を帯びていたのが、必ずしも安定した境界線をもたない公的空間だったことである(7)。男性同性愛者による公的空間の利用についての最初期の研究は七〇年代初頭にすでに見られるが［Humphreys 1970］(8)、ここでは、男性と性行為をする男性たちによるパブリック・スペース利用の歴史を一九二〇年代まで遡って確認しつつ「スペースの産出とコントロールとをめぐる闘争が、ゲイの文化実践の形成において中心的な役割をはたした」と論じたジョージ・チョーンシーの議論を紹介したい［Chauncey 1996：224］。

チョーンシーによれば、ゲイ男性の交流の重要な場となったのは、公道や公園などの都市部のパブリック・スペースであった。家族と同居していたり経済的な困窮状態にあったりするひともふくめた多様な人々が性的交渉をもとめてあつまると同時に、それらのスペースは社交空間ともなり、単に同性との性行為を求めてやってくる男性がゲイ・コミュニティに参入していく入り口ともなっていた。区切られたゲイ・スペースが警察の手入れを受けることが珍しくなかった時代、公道や公園は、むしろ検挙の可能性を減らし、かつ、警察がそこから「望ましくない存在」を完全に締め出すことの難しい空間だったのだ。しかし、公的空間内につくりだされるこのようなゲイ・スペースは、もちろん反面ではその性質上、警察によるハラスメントやホモフォビックな暴力に対しても開かれていることになる。このため、ゲイ男性は公的空間において「外部の」人間にはわからないかたちでお互いを確認し、コミュニケーションをとるためのさまざまな戦術を編みだしていった。いわば、パブリック・スペースのただ中に、そこに薄紙を重ねるようにしてプライベート・スペースを上書きしていったのである。

パブリックなスペースのプライベートな利用がより明確にみとめられるのが、公道や公園とともにゲイ男性の重要な社交の場として機能した公衆トイレである――「ブルジョワのイデオロギーは（中略）公衆トイレをパブリックな空間とみなしたが（中略）、ここを性的な目的で使用する男性たちは、公衆トイレにかなりプライベートな機能をもたせていた」［Chauncey 1996：250］。公衆トイレにおける性的な活動が無関係な人間の目に触れないようお膳立てすることは難しくはなかった、とチョーンシーは述べ、そこで提供されていたのが「パブリックの中でのプライバシー」だったことに、読者の注意をうながす［Chauncey 1996：251］。公衆トイレが提供するプライバシーが重要だったのは、公衆トイレの利用者もまた――公道や公園の利用者と同様に――物理的に区切られたプライベート・スペースにアクセスできないことがしばしばあったためである。明確にそれとわかるようなゲイ・スペースに参入できないクローゼットのゲイやバイセクシュアル男性（さらには男性と性的関係をもつヘテロセクシュアル男性）にとって、社会階層や経済力にかかわらず、異性愛的な公的空間に一時的に創出される「プライバシー」は、魅力的だった。しかし、それだけではない。ゲイ・バーやクラブなどの区切られた――ある程度プライベートな――スペースを利用したり「家庭」においてプライバシーの場を確保したりするだけの経済力のない人々は、とりわけ積極的にこれらのスペースを利用していただろう、とチョーンシーは述べる。結果として、パブリックかつプライベートなこれらのスペースは、多様な階級や人種、セクシュアリティなどの背景をもつ人々が一時的ではあれ混在し共存する場となった(9)。

そもそも、チョーンシーが指摘するように、ゲイ男性のストリート・カルチャーは「多くの点で、より広範な労働者階級の若者たちのストリート・カルチャーの一環」であり、セクシュアリティを問わずこのような若者たちにとって「家庭」におけるプライベートな空間の確保は望むべくもなかった――「プライバシーは人前で（in public）しか手に入れられない」ものだったのだ［Chauncey 1996 : 255］。もちろん、「家庭」それ自体が壁にかこまれた監視や規律の場として機能しがちな若い同性愛者たちにとっては(10)、プライベートな場の象徴であるはずの「家庭」にプライバシーが存在しないことは、とりわけ切実な問題だった(11)。〈クローゼット〉が「家」のなかでさらに扉を閉ざされ、制限された空間を指すのは、その意味できわめて適切であろう(12)。「性的な実践の場に関して、プライバシーを主張できるかどうかが、地位と特権の問題に大きくかかって」［Leap 1998 : 11］いる一方で、異性愛主義的な「家庭」のスペースにおけるプライベートな親密性の追求も容易ではない。「プライバシー・イン・パブリック」とは、性的な親密性をドメスティックなプライバシーから切りはなすことでこの状況への対処をこころみるスペース創造であり、パブリックな空間にプライベートで性的な空間を重ね書きするのみならず、プライベートで親密な空間を異性愛規範的な家族性からとり戻そうとするものでもあった。

2　ヘテロ・スペースのクィアな占拠

一九七〇年代、八〇年代のセクシュアル・マイノリティと空間についての初期の研究は、都会へと移住した同性愛者たちの移住パターンを解明し、レズビアン／ゲイ・スペースを同定してその抵抗形態を見極めようとするものが大半だった。しかし、前節のチョーンシーの分析に見られるように、九〇年代以降の研究の関心は、同性愛者が異性愛スペースをどのように利用し、その利用を通じてスペースそれ自体が異性愛的に構築されていることをどう暴いてきたのか、という点に向けられるようになる［Puar, Rushbrook and Schein 2003; Bell and Valentine 1995］。すなわち、空間は「自然に真正に〈ストレート〉なのではなく、むしろアクティブに生産され性化（異性愛化）されている」［Binnie 1997］のだ、と。スペースが日々の行為の反復をつうじていかに異性愛的なものとして産出され、自然化されるのか、どのような「撹乱的空間行為」がその異性愛スペースの自然な装いに亀裂をいれ、スペースをクィアにする可能性をもたらすのか［Bell and Valentine 1995 : 17］。(13)

たとえばデイヴィッド・ベル、ジョン・ビニーほかは、「異性愛的に見えるけれども、そうではない」スペースに注目することで、異性愛的なものとして再生産されるスペースに撹乱的な要素が入り込む契機を見いだそうとする［Bell, Binnie, Cream and Valentine 1994 : 33］。(14) ここで彼らがとりあげるのは、異性愛的マスキュリニティとの誇示とも見えるゲイ・スキンヘッドである。しかし、ＡＩＤＳの流行にともなうセックス忌避の潮流の中で八〇年代末に脚光を浴びるロンドンのゲイ・スキンヘッド・スタイルは、セイファー・セックスでありさえすればいくらでもセックスをするという「セイファー・セックス・スラット」の記号であり、ＳＭをはじめとする性的実践と結びつけつつゲイの身体を「性化しなおす」ものだった [Bell, Binnie, Cream and Valentine 1994 : 35]。同時にそれは、「事情通」以外には異性愛者と見分けにくいスタイルであり、それを帯びた身体による同性愛的なふるまいは「男性性のアイデンティティのみならず、異性愛スペースをかき乱し、混乱させる」ことになる [Bell, Binnie, Cream and Valentine 1994 : 36]。そればかりではない。ベルらの主張によれば、「事情通」であれば見分けのつきやすいこのスタイルは、異性愛空間における視線の交錯ひとつでそこにクィアなスペースを作り出すことすらできたのだ。

とはいえ、ここで起きていることは、チョーンシーが描き出した公的空間へのプライベート・スペースの上書きと、それほど違うものだろうか？　もちろん、街をあるきまわるゲイ・スキンヘッドのうみだすクィア・スペースは、特定のストリートや公園、あるいは公衆トイレに限定されることなく、よりこっそりとしかし広範に、異性愛スペースへと浸透していくだろう。それでも、見えるひとにしか見えず、しかも公園や街路、公衆トイレよりもはるかに短命なそのスペースは、異性愛的なものとしてつくりだされた都市の景観を、本当に変革できるのだろうか？「事情通」のみに識別可能なスタイルによって見えるひとだけに見えるクィア・スペースが生み出されたとして、「それで意味があるのだろうか」[Bell, Binnie, Cream and Valentine 1994 : 34]？　ベルらを悩ますように見えるこの問いは、ＡＩＤＳの流行と社会の同性愛嫌悪の拡大とに対応した性的少数者の運動の変化――ヘゲモニックな異性愛社会に同化しつつ権利の拡大を求めるゲイ・ライツ・ムーブメントの方向性から、差異を強調し対抗的な姿勢をより強く打ちだす〈劇場的な〉クィア・ムーブメントへ[15]――の文脈で、理解されなくてはならない。つまり、ここで問われているのは、こういうことだろう。異性愛スペースの撹乱のためには、クィア・スペースを占める身体のアイデンティティ、ひいてはスペースそれ自体のクィアな差異に、人々が注目せずにいられないきわだった可視性を与えるべきではないのか。

このような、いわばきわだって可視的なクィア・スペース産出の具体例としてローレン・バーラントとエリザベス・フリーマンが着目するのが、クィア・ネーションのアクションである［Berlant and Freeman 1992］。性に関する一般社会の言説の変容を目的としてACT UPニューヨークから一九九〇年にうまれたこのグループは、「広告的手法をのっとり」つつ、スペクタクルで人目をひく運動を展開したことで知られる。スペースが――本来異性愛的であるのではなく――異性愛的に構築されていることを明らかにするのみならず、「受動的な公的空間を（中略）政治的な教育のゾーンへと変容させる」［Berlant and Freeman 1992 : 155］クィア・ネーションの実践として、バーラントとフリーマンは三つの例をあげている。異性愛者のバーに集団で乗り込み、同性愛者の空間を異性愛者のそれと隔離し続けることはもはやできないのだと示す、クィア・ナイト・アウト。町の中央広場のような正式なパブリック・スペースをプライベートでクィアなエロティシズムで満たすことを目的とする、キス・イン。そして、異性愛「家族」にとっての非性的で安全な場であるはずのショッピングモールにパレード・スタイルで仰々しく乗り込み、逸脱した性のイメージを使って――モールにおいて商品が性的なイメージにのせて「売られる」ように――教育的メッセージを「売る」、モール・ヴィジビリティ・アクション。これらはすべて、異性愛スペースを文字通り占拠し、そのスペースに誰の目から見ても異性愛的ではないふるまいや外見の身体を出現させることで、スペースの異性愛性を脅かすことを意図していた。「クィアとは、プライバシーの権利の問題ではない。それはパブリックでいる自由のことなのだ」[16]。異性愛者に対してみずからの存在を誇示するスペクタクルこそがクィアで対抗的な公的空間をつくりだす。それがクィア・ネーションの戦術だったのだ。

バーラントとフリーマンはこの論文において「対抗行動においてできうる限り多くのヘゲモニックな空間を占拠するというクィア・ネーションのコミットメント」に賛意を表し、こう述べる――「それに加えて、わたしたちが描き出そうとするのは、クィアな米国民のアイデンティティを特徴づける否定性のスペースを強力な言説のフィールドへと変容させることの、重要性である」[Berlant and Freeman 1992: 180]。しかし、九〇年代以降、米英における性的少数者をとりまく状況が変化するなか、広告的手法でスペクタクルなクィア・スペースを「売る」というクィア・ネーションの発想は、おそらく彼女たちもそしてクィア・ネーション自体も予想しなかったかたちで、展開されていくことになる。

3 エキゾチック・ゲイ・タウン

ベル、ビニーその他が論じたゲイ・スキンヘッド・スタイルのクィアな可能性、あるいはバーラントとフリーマンが期待を寄せたクィア・ネーションの広告的なスペクタクル。けれどもそこに看過できない問題が内包されていることは、早くから指摘があった。リサ・ウォーカーは、スキンヘッド・スタイルが「男性性の中立的なパフォーマンスではなく、人種抑圧と白人権力／支配の特定のあらわれ方に結びつく」点が軽視されていると批判する――「事情通」同士の路上での視線の交錯がクィア・スペースを出現させるとしても「黒人ゲイ男性の側からそのようなスペース構築に着手するのは危険かもしれない。そのスキンヘッドがクィアであると同時に／クィアではなくファシストであれば、白人の／ストレートの男に目を向けたというだけの理由で殴られるかもしれないのだ」[Walker 1995: 73]。キャシー・コーエンは、これらの議論が看過しているのは人種差別およびそれと密接に関連する経済格差の問題であると指摘し、「パンクやブルダガー、ウェルフェア・クィーンのような非規範的で周縁的な位置」からの連帯を主張する［Cohen 1997 : 440］[17]。たとえばクィア・ネーションのモール・アクションは、異性愛家族の安全な場から排除されたクィアで逸脱的な存在を可視化することを目的とした。しかし、モールというスペースから疎外され排除されるのは、性的少数者であるという理由だけによるのだろうか。「あなたが貧しい、あるいは労働者階級のクィアなら、モールで感じる排除や疎外は（中略）郊外のモールの客層に想定されている経済的な地位をめぐるものかもしれない。あなたが有色人種のクィアなら（中略）あなたを危険な存在だとみなす人種規範とステレオタイプとに、理由の一部があるかもしれない」［Cohen 1997 : 449］。

異性愛主義のみへの抵抗をもって社会変革を目指そうとする「単一抑圧の枠組み」に〈クィア〉が陥っているのではないかというコーエンの問題提起をスペースという主題にさらに引きよせるなら、ジャスビル・プアの次の指摘になるだろう。「クィア・スペースを主張することが異性愛スペースの混乱をもたらすと賞賛される反面、それが人種化され、ジェンダー化され、階級化された空間の混乱として理解されることは稀である。階級やジェンダー、人種の特権の主張とならべて理解されることも、ほとんどない」［Puar 2002 : 112］。しかし、プアのこの批判は直接にクィア・ネーションを念頭においてなされたものではない。彼女が論じているのは、いわゆるピンク・マネーを期待した特定のスペースの売り込み、中でもとりわけゲイ・ツーリズムの興隆である。互いに大きく異なる「スペース」をめぐるふたつの事例――クィア・ネーションのアクティヴィズムと、商業的なゲイ・ツーリズム――に向けられる考察が、なぜこれほどに似通っているのか。その背後にあるのは、九〇年代半ばから急激に進行した、性的少数者をめぐる状況の変化である。ゲイ・ライツを公式に擁護して当選したはじめての合衆国大統領といわれるビル・クリントンの大統領就任にはじまり、[18] ポップ・カルチャーにおける同性愛者の「ポジティブな」イメージの流通もあって、米英での性的少数者、少なくとも同性愛者をめぐる状況は、激しい同性愛嫌悪が支配したＡＩＤＳ流行下の八〇年代から大きな改善をとげた。しかし同時に性的少数者の主流化は、リサ・ドゥガンが「新しいホモノーマティヴィティ」と呼ぶ潮流——プライベートな領域（それはまずドメスティックな領域であり、そして消費や経済活動の領域である）における自由だけを追求し、人種や階級などにもとづく不平等や社会的不正義を問わない潮流——を、うみだすことになる [Duggan 2003]。[19] そして、これらの変化はクィア・スペースの産出と主張にもはっきりと反映されるものだった。

先述での引用部にひき続いてプアの論考は「ゲイ・ゲットー」という呼び方の奇妙さに言及する。ゲイ・エリアの階級や消費形態は、一般に「ゲットー」と呼ばれる人種的コミュニティのエリアが貧困化され脅威とみなされてきたのとは、まったく異なるではないか、と。この指摘は、スティーヴン・エプスタインが「ゲイ・アイデンティティの民族モデル」を唱えてから二〇年以上を経て、このモデルが消え去るどころかむしろあらたに活性化している現状に、注意をひかずにはおかない [Epstein 1987]。各地に形成されてきたクィア・スペースが急速に可視化され、そして観光地化されていく状況を分析した論考で、デレカ・ラシュブルックはこう述べている——「『クィア・スペース』は民族的多様性の形態のひとつとして機能しており、各都市はそれを、他にもあるエスニック地区のひとつとして、かつコスモポリタニズムの独立した指標として、ためらいがちに宣伝している」[Rushbrook 2002 : 183]。ラシュブルックによれば、ポスト産業化とグローバリゼーションの時代の都市は、産業の振興をうながし私企業と提携して、さらに多くの人と投資とを惹きつけるべくみずからの魅力を高めることのできる「起業都市」であることを求められる。[20]「エスニックなスペース」は、そのような都市がみずからを多様で豊かな文化の担い手として主張し、かつ「本物」の差異の経験をもとめる消費者に提供するための、良いツールなのだ。そして性的少数者をめぐる状況が変化する九〇年代、クィア・スペースはまさにこのように利用されはじめる。カストロ地区やマンチェスターのゲイ・ヴィレッジといったスペースが、性的少数者の消費者のみならず、ヴァレンタインの言葉を借りれば「エキゾチックな『他者』をちょっとばかり消費したがっている異性愛者をひきつけるようになる」のである［Valentine 2002：147］。[21]

しかし、「エキゾチック・ゲイ・タウン」やそれを内包する「ゲイ・フレンドリー」な都市の売りだしは、異性愛規範やそれによってつくりだされる異性愛スペースの変容には、必ずしもつながらない。それどころか、このような「スペクタクルとしてのアイデンティティ」［Reed 2003：429］は、スペクタクルの観客——多様な差異の経験をもとめる消費者——にあわせてクィア・スペース自体を変容させ、その多様性を「クィアな差異」ただひとつに還元してしまう危険をもつ。

たとえばマーティン・マナランサンⅣは、ニューヨークのジャクソン・ハイツが人種的／性的少数者の入り混じった、よりエキゾチックな「新しいゲイ・メッカ」として喧伝され、白人中流階級のゲイ男性を含めた「観光客」が流入するなか、地区の公共空間の使用が否応なく変容をせまられることに注目する——「ストリートの変化についてよく言われることのひとつは（中略）『浄化』だ。身体衛生ではなく、クィアなパブリック・セックスのスペースの駆逐という意味での」［Manalansan Ⅳ 2005：145］。より路地裏へと追いやられたパブリック・セックスは、しかし、同時多発テロ以後の合衆国における民族的少数者への監視体制の強化にともない、中東や南アジア系、メキシコ系のゲイ男性にとって、警察による逮捕のリスクを高めるものとなった。同じくニューヨークのクリストファー・ストリートでは、富裕なゲイ男性の流入にともなう物価高騰と地域の中流化がおこり、公道使用にも制限がかけられて、長いこと交流の場であったストリートから「望まれない有色人種の身体が締め出される」[Manalansan IV 2005：151][22]。同様のクィア・スペースの「浄化」――パブリックなスペースからの、有色人種や労働者階級、貧困層のクィアの、そしてセックスの排除――は、ラシュブルックによれば、パリのル・マレやヒューストンのモントローズなどにも見られる。「ゲイ・エリアの商業化と可視性の高まりが（中略）新しいかたちの周縁化と排除とを生み出し」[Rushbrook 2002：197]ているのだ。

観光客や投資家、ひいては都市が望んでいるのは「スペクタクル」ではあっても「性的に逸脱した、単にきわどいというよりも危険な」光景ではない。「ゲイ・フレンドリーな」都市がもくろむのは「合法化された（脅威にならない）ゲイ・スペースを形づくること」にほかならない[Rushbrook 2002：195]。クィア・ネーションによる「広告的手法ののっとり」と「スペクタクルなクィア・スペースの売り込み」とは、ここに至って、企業都市の戦略とホモノーマティヴな潮流によって、いわばのっとり返されてしまったことになる。そしてきわめて皮肉なことに、その結果売りに出されるクィア・スペースは、異性愛的なパブリック・スペースにプライベートなスペースを上書きしてつくりだされる「プライバシー・イン・パブリック」のもっていた力――空間それ自体の異性愛性を問いなおし、パブリック／プライベートの区分を撹乱し、そして多様な人種や階級の偶発的な「コンタクト」[Delany 1999]をうみだす力――を、失いつつあるのだ[23]。

4 スペースなき多様性

米英の性的少数者とスペースの政治の変遷は、こうして、いささか陰鬱な軌跡をえがくことになる。ひとつの「差異」を帯びた身体が、空間に存在する権利と公的な承認とを求めてスペースの変容を試み、幾分は成功したものの、その代償としてほかの「差異」を（も）帯びた身体との共存可能性をはらむスペースを失ってしまった。これはそういう物語なのだろうか？　性的少数者は「エキゾチックな他者」として都市の多様性を構成し、他方で「望まれない身体」は公園やストリートから排除されなくてはならないのだろうか？

言うまでもなく、日本の都市と米英の都市では、性的少数者をとりまく状況は大きく異なる。「性的少数者とスペース」に限定したとしても、たとえば冒頭にひいた渋谷区と本論で述べた米英の起業都市では、どのようなスペースをどう設定し売り出そうとしているのかにおいて、明確な違いがあることを見すごすわけにはいくまい。同じ東京でも二丁目のゲイタウンをかかえる新宿と異なり、渋谷区は歴史的に「性的少数者の街」として認識されてきたわけではない。ここには売り出すべき「エキゾチックなゲイ・エリア」がそもそも存在しないのだ。もちろん、起業都市が売りだすクィア・スペースは従来から知られたゲイ・エリアや「ゲイ・ゲットー」に限定されるわけではない。それとは対照的に、中産階級の性的少数者が街の「危険な」エリアに移り住んで文化的な「多様性」を残しつつ適度に「浄化」することもあり、これも起業都市にとって魅力的であることが指摘されている［Rushbrook 2002: 187; Bell and Binnie 2004 : 1815］。しかしこの点においても渋谷区は、新宿との近接性や家賃の安さから性的少数者にとって住みやすいと言われ、早くから性的少数者が区議会議員として活動をしてきた中野区などとは、状況を異にしている。リチャード・フロリダによる「ゲイ・インデックスとクリエイティブ・クラスとの相関関係」の指摘には批判もあるものの、少なくともフロリダが主張したのは「ゲイのコミュニティを歓迎する場所は、ほかのどんな種類の人間も受け入れる」高い開放性をもち、これがクリエイティブな層をよびこむ、ということであった〔フロリダ 二〇一四〕。[24]「コミュニティを歓迎」した結果としてのスペース自体が存在しない渋谷において、「ダイバーシティを実現」した「クリエイティブな」街づくりへの性的少数者の寄与に期待を表明する区長の方針は、どこか転倒した感を免れないだろう。

にもかかわらず渋谷では、「普通の風景」になるようにという性的少数者への呼び掛けと「望まれない身体」の公園からの締め出しとが、まぎれもなく同時進行してきた。そこで起きてきた「性的少数者とスペースの政治」をわたしたちはどう考え、それにどう介入するべきなのだろうか？ 冒頭で書いたように、スペースの問題が性的少数者とほかのマイノリティとを必然的に横断するとしても、それが同時に連帯の可能性をも差し示しうるものだとしたら、わたしたちはその連帯をどのように実現できるのだろうか——あるいは、どこに？

註

（1）「渋谷区、同性パートナー条例案が委員会通過　自民は反対（原田朱美）」、『朝日新聞digital』二〇一五年三月二六日。http://www.asahi.com/articles/ASH3V5H7FH3VUTIL026.html（二〇一五年九月三日最終閲覧）。

当条例を「同性パートナーシップを婚姻に相当すると認める」ものであるとする報道は数多く見られたが、婚姻関係にあるパートナーに認められる多くの権利はこの条例の施行後も同性パートナーには認められない。以下の記事に掲載された表「法律婚、事実婚、『同性パートナーシップ証明』の違い（アンパサンド法務行政書士事務所　清水雄大監修）」を参照。『多様性』として利用される性的少数者（竹内絢）」、『ふぇみん婦人民主新聞』第三〇八九号、二〇一五年五月二五日。

（2）「『LGBTも、障がい者も、普通の景色にしたい』長谷部健・新区長が語る、新しい渋谷区（笹川かおり）」『The Huffington Post 日本版』二〇一五年五月一八日。http://www.huffingtonpost.jp/2015/05/18/lgbt-hasebe-ken_n_7303354.html（二〇一五年九月五日最終閲覧）。長谷部氏は区議会議員として同条例を発案、条例成立後の選挙で区長に選出された。

（3）渋谷区における野宿者排除と「同性パートナー条例」との関係については、前掲『ふぇみん』記事参照。

（4）セクシュアリティ研究の観点から「土地」や「スペース」を論じた最近の研究としては、井上・三橋編［二〇一五］がある。

（5）言うまでもなく、性的少数者の運動は同性愛者のそれに限定されない。本論が主に同性愛者、とりわけ男性同性愛者の運動に沿って進むのは、ふたつの理由による。まず、後述するように、異性愛者から隔離された「ゲイ・スペース」を作り出したのは、経済的・社会的理由から男性が中心で、「スペース」に関する米英の研究蓄積は、男性同性愛者を中心に据えたものが圧倒的に多い。第二に、これも後述するとおり、これらのスペースは必ずしも現代で言う「ゲイ男性」だけに開かれていたわけではなく、男性同性愛者を中心としつつも、それ以外の多様な存在が交錯する場であった。

（6）〈クローゼット〉概念については、いまもセジウィックの著作［Sedgwick 1990］が参考になる。

（7）レズビアンについては、ゲイ男性とは多少ことなるスペースが作りだされていることが指摘されている。たとえばヴァレンタインは、先行研究をひきながら、「レズビアンたちも都市部に自分たちのスペースをつくりだしているものの、これらの環境はしばしば異性愛者からより見えにくいものになっている」と述べ、男性より経済的資本が少ないことと、男性からの暴力への警戒とを理由としてあげた研究を紹介している。このことはまた、レズビアンのコミュニティがサポート・グループやオルタナティブ・カフェなどの非商業的な場をベースとすることが多い理由でもある。これらの場の多くは、「レズビアン以外の非商業的な利用者たちと共有されており、特定の日時にのみレズビアン・スペースへと変わる」点に特徴がある。他方で、レズビアンによる可視的なスペースは、都会よりもむしろ地方におけるラディカル・フェミニズムの流れを汲んだ分離主義コミュニティに見出される。Valentine［2002：148］を参照。

（8）同時代の男性公衆トイレにおける同性間の性的交渉を調査したハンフリーズによるこの研究は、その先駆的な重要性は疑いの余地がないものの、調査手法などの点で多くの批判も受けている。

（9）パブリックかつプライベートな性的空間が、そこに集まる多様な男性の間での偶然の接触（コンタクト）をうみだす様をノスタルジックに描き出したものとして、Delany［1999］を参照。

（10）Bell and Valentine［1995：2］を参照。

（11）「クィアな場」を「家族という制度」に対立するものとして論じたものとして、Hubbard［2001：56］、Halberstam［2005］。

（12）空間的メタファーとしてのクローゼットについてはValentine［2002：155-8］を参照。

（13）言うまでもなく、「撹乱的空間行為」とはジュディス・バトラーによる「撹乱的身体行為」の援用である［Butler 1990］。同様の議論として、Bell, Binnie, Cream and Valentine［1994：32］、Hubbard［2001：51］、Valentine［2002：154］も参照。

（14）ベル、ビニーほかは、ゲイ・スキンヘッドと並べてハイパー・フェミニンなリップスティック・レズビアンにもページを割いている。しかし、ゲイ・スキンヘッドには「クィア・スペース産出」の可能性を明確に見出すのに対し、リップスティック・レズビアンについては、彼らはあきらかに乗り気ではない――リップスティック・スタイルは「異性愛女性が自分にみずからの外見を問い直させる可能性があり」、異性愛男性も「みずからの欲望の対象を識別することができないかもしれない」ものの、「リップスティック・レズビアンが〈ストレートの〉景観を蝕むことができるのは、異性愛者たちが彼女がそこにいると気づくときに限られて」おり、「実際のところ、［リップスティック・スタイルは］強硬派のフェミニストにとって衝撃的で逸脱的であるに過ぎず」「異性愛的に構築されたスペースには（中略）緊張をもたらさない」［Bell, Binnie, Cream and Valentine 1994：42-43］。この分析の驚くべきジェンダー非対称と、それを支えるフェム・レズビアンの軽視についてはWalker［1995］の批判を参照。

（15）この変化とその方向性のひとつの帰結については、別稿で論じている［清水 二〇一三］。

（16）クィア・ネーションのマニフェスト"An Army of Lovers Cannot Lose"より。

（17）ブルダガーは〈男性性〉をつよく帯びた（とりわけアフリカン系アメリカ人の）レズビアン女性。ウェルフェア・クィーンは社会福祉制度の給付で生活する女性を揶揄する言葉。非白人のシングル・マザーに向けて用いられることが多い。

（18）「配偶者」の地位を異性間に限定した結婚防衛法（一九九六）や同性愛者の従軍を認める反面で同性愛者であることの公言を禁じたDon't Ask Don't Tell政策など、クリントン大統領は、のちに性的少数者の権利運動が批判していくことになる遺産も残している。

（19）本書でドゥガンが社会福祉制度の給付金を受ける貧しい女性に対する「新しいホモノーマティヴィティ」の運動家による糾弾を論じている点は、コーエンの議論との連続性をうかがわせる。しかし、これを「クィア」のシングル・イシュー化の問題として論じたコーエンに対して、ドゥガンは「新しいホモノーマティヴィティ」はむしろ「広範なマルチ・イシューのネオリベラル政治の、新しいお飾り」［Duggan 2003：65］だと分析する。「新しいホモノーマティヴィティ」については清水［二〇一三］も参照。

（20）近年の性的少数者の政治における「起業都市」の役割については、Bell and Binnie［2004：1809-1810］も参照。

（21）起業都市による「エスニック」なクィア・スペースの利用の具体例の分析として、Reed［2003］、Manalansan IV［2005］、Binnie［1995］。

（22）ゲイ・スペースにおけるパブリック・セックスの重要性、および不動産の非所有者（とりわけ民族的、性的少数者の若者）に地域使用の権利を認めない政策がそれに及ぼす影響については、Berlant and Warner［1998］。

（23）紙幅の関係で本稿では触れることができないが、ここで論じた「スペクタクルなクィア・スペースの売り出し」は、国境を越えるゲイ・ツーリズムとのかかわりにおいて、さらに複雑な様相をおびることとなる。宣教師的な役割をおびたゲイ・ツーリズムが、一方でグローバルなクィア・ポリティクス（およびグローバルに承認されうる「クィア主体」）を米英型に準じて整形し、同時にそれを通じて特定の「ナショナルな」スペースの宣伝に参加していくのかを論じたものとして、Puar［2002］を参照。

（24）フロリダの前著［Florida 2002］における同様の議論への批判としてBell and Binnie［2004 : 1817］。

参考文献

Bell, David, Jon Binnie, Julia Cream and Gill Valentine［1994］"All Hyped Up and No Place to Go," *Gender, Place and Culture* Vol.1, No.9 : 31–47.

Bell, David and Gill Valentine［1995］"Introduction: Orientations," in *Mapping Desire: Geographies of Sexualities*, eds. David Bell and Gill Valentine, Routledge, 1–27.

Bell, David and Jon Binnie［2004］"Authenticating Queer Space: Citizenship, Urbanism and Governance," *Urban Studies* Vol.41, No.9 : 1807–1820.

Berlant, Lauren and Elizabeth Freeman［1992］"Queer Nationality," *boundary 2* Vol.19, No.1: 149–80.

Berlant, Lauren and Michael Warner［1998］"Sex in Public," *Critical Inquiry* 24.2: 547–66.

Binnie, Jon［1995］"Trading Places: Consumption, Sexuality and the Production of Queer Space," in *Mapping Desire: Geographies of Sexualities*, eds. David Bell and Gill Valentine, Routledge, 166–81.

Binnie, Jon［1997］"Coming Out of Geography: Towards a Queer Epistemology?" *Environment and Planning D: Society and Space* 15: 223–37.

Bristow, Joseph［1989］"Being Gay: Politics, Pleasure, Identity," *New formations* 9: 61–81.

Butler, Judith［1990］*Gender Trouble: Feminism and the Subversion of Identity*, Routledge.

Chauncey, George［1996］"'Privacy Could Only be Had in Public' : Gay Uses of the Streets," in *Stud: Architecture of Masculinity*, ed. Joel Sanders, Princeton Architectural Press, 224–67.

Cohen, Cathy J. [1997] "Punks, Bulldaggers, and Welfare Queens: The Radical Potential of Queer Politics?," *GLQ* 3: 437–65.

Delany, Samuel R. [1999] *Times Square Red, Times Square Blue*, New York University Press.

D' Emilio, John [(1983) 1999; 2007] "Capitalism and Gay Identity," in *Culture, Society and Sexuality: A Reader*, eds. Richard Parker and Peter Aggleton, Routledge, 250–258.

Duggan, Lisa [2003] *The Twilight of Equality?: Neoliberalism, Cultural Politics, and the Attack on Democracy*, Beacon Press.

Epstein, Steven [1987] "Gay Politics, Ethnic Identity: The Limits of Social Construction," *Socialist Review* 17:3–4: 9–54.

Florida, Richard [2002] *The Rise of the Creative Class: And How It's Transforming Work, Leisure, Communitty and Everyday Life*, Basic Books.

Halberstam, Jack [2005] *In a Queer Time and Space: Transgender Bodies, Subcultural Lives*, New York University Press.

Hubbard, Phil [2001] "Sex Zones: Intimacy, Citizenship and Public Sapce," *Sexualities* 4(1): 51–70.

Humphreys, Laud [1970] "Tearoom Trade: Impersonal Sex in Public Places," *Society* 7(3): 10–25.

Leap, William L. [1998] "Introduction," in *Public Sex, Gay Space*, ed. William L. Leap, Columbia University Press, 1–21.

Manalansan IV, Martin F. [2005] "Race, Violence, and Neoliberal Spatial Politics in the Global City," *Social Text* 23(3–4): 141–55.

Puar, Jasbir Kaur [2002] "Circuits of Queer Mobility: Tourism, Travel and Globalization," *GLQ* 8(1–2): 101–37.

Puar, Jasbir Kuar, Dereka Rushbrook and Louisa Schein [2003] "Sexuality and Space: Queering Geropgraphics of Globalization," *Environment and Planning D: Society and Space* 21 : 383–7.

Reed, Christopher [2003] "We' re from Oz: Marking Ethnic and Sexual Identity in Chicago," *Environmental and Planning D: Society and Space* 21: 425-440.

Rushbrook, Dereka [2002] "Cities, Queer Space, and the Cosmopolitan Tourist," *GLQ* 8 (1-2): 183-206.

Sedgwick, Eve Kosofsky [1990] *Epistemology of the Closet*, University of California Press.

Valentine, Gill [2002] "Queer Bodies and the Production of Space," in *Handbook of Lesbian and Gay Studies*, eds. Diane Richardson and Steven Seidman, Sage Publications, 145-160.

Walker, Lisa [1995] "More than Just Skin-deep: Fem(me) ininity and the Subvesion of Identity," *Gender, Place and Culture* 2(1): 71-76.

井上章一・三橋順子編［二〇一五］『性欲の研究――東京のエロ地理編』平凡社。

清水晶子［二〇一三］「ちゃんと正しい方向にむかってる――クィア・ポリティクスの現在」、三浦玲一・早坂静編『ジェンダーと〈自由〉――理論、アクティヴィズム、クィア』彩流社、三一三―三三一。

フロリダ、リチャード［二〇一四］『新クリエイティブ資本論――才能が経済と都市の主役となる』井口典夫訳、ダイヤモンド社。

＊本章は『現代思想』第四三巻第一六号（青土社、二〇一五年）に掲載された「ようこそ、ゲイ・フレンドリーな街へ――スペースとセクシュアル・マイノリティ」の再録である。

Column

アジアにおけるクィア・スタディーズの発展とその背景

台湾の事例から

福永玄弥

台湾はアジアでもっとも「ジェンダー平等」であるとともに近年は「LGBTフレンドリーな社会」としても知られる。実際、台湾のジェンダー・エンパワーメント指数は二〇〇三年にアジア首位を記録し、ジェンダー平等の実現を掲げた立法は性的指向や性自認による差別も禁止した。二〇一七年には司法院大法官が婚姻制度から同性カップルを排除した現行民法を違憲とする判断を布告、これを受けて同性パートナーシップ保障の法制化（＝同性婚）がまもなく実現するとみられる。[1] また、二〇〇〇年代以降に登場した政治エリートは政党の差異を問わず「LGBTフレンドリー」なみずからの立場を明らかにしている［福永 二〇一七b］。本稿はアジアのなかでもクィア・スタディーズの発展が著しい台湾を事例として、その特徴や背景を論じたい。

1 "Queer"のローカル化

台湾で"queer"の中国語訳が模索されたのは一九九四年である。左派の社会運動をテーマとした雑誌の紙面で、二〇代のレズビアンやゲイの共作により提起されたアイデアは「酷児」という訳語だった。"Ku' er"と発音する「酷児」は"queer"の音訳であると同時に「クールキッド」というポジティヴな意味をもつ。英語の"queer"が歴史的に付与されたスティグマからは距離のある意訳であったが、「トレンディーな文化スタイル」をあらわすその語感は長きにわたる言論弾圧や政治的抑圧をくぐり抜けてきた「ポスト戒厳時代（の読者）に魅力的に映った」[Ho 2015：122]。

一九八七年に戒厳令が解除され、約四〇年ものながきにわたって抑圧されてきた社会運動が雨後の筍のように勃興したとき、レズビアンやゲイなどの性的少数者を主体とする運動も例外ではなかった。かれらが直面した課題は、中華文化に根を張る家族イデオロギーの打破であった。運動の進展とともに「いかにカムアウトするか」という問いは「いかなる主体として出現するか」という問いへと移行し、ドラァグ・クイーンやおかまっぽいゲイは男性同性愛者のステレオタイプを固定化するものとして、あるいはブッチなレズビアンは主流派フェミニストによって男性の模倣にすぎず家父長制の再生産に加担するものとして批判の対象となった。

このように、「わたしたちも（異性愛者である）あなたたちとおなじように立派な公民として、あるいは社会的スティグマをひきうけつつエロティックな行為を肯定する性的主体としてアウトするのか」という論争をめぐって、当時立ちあがったばかりのアイデンティティ・ポリティクスのなかで立場が分かれ、周縁化されていると感じる人々に「酷児」は受け入れられた。すなわち、「酷児」は「（ゲイ・アクティヴィズムにおける）ホモノーマティヴィティや女性運動のなかのジェンダー二元論に挑戦するものとして受容された」のである[Ho 2015：123]。

2 クィア・スタディーズの発展と背景

社会におけるヘテロ・ノーマティヴィティを批判的に問う研究をクィア・スタディーズと呼ぶなら、二〇一六年までに台湾で発表されたクィア・スタディーズの修士・博士論文の数は五〇〇本を超える。

他国と比較してその多寡を問うすべをわたしはもたないが、二〇〇三年には約五〇本であったことを念頭に置くならば［畢恆達 二〇〇三］、二〇〇〇年代以降の研究領域の盛りあがりが見てとれる。それでは、台湾で発展したクィア・スタディーズの特徴をどのように整理することができるだろうか。

まず、台湾の学術研究はアメリカの影響を強く受けてきた歴史をもち、この点はフェミニズムやクィア・スタディーズも同様である。一九九〇年代までにアメリカへ留学した経験をもつ研究者を媒介として、英語圏で発展したクィア理論は台湾に紹介されてきた。とりわけ何春蕤（Josephine Ho）を責任者として国立中央大学に一九九五年に設置されたジェンダー・セクシュアリティ研究室は台湾におけるクィア・スタディーズの拠点として知られ、イヴ・セジウィックやジュディス・ハルバーシュタムやリサ・ドゥガンやヘザー・ラヴなどを招聘し、シンポジウムの開催や関連書籍の刊行を積極的におこなってきた。

学術領域におけるアメリカの影響を考えるうえで台米関係史が参照軸となる。米政府は冷戦体制下で「親米派台湾人」の育成を目的として留学奨学金を提供し、これにより中間層の台湾人のアメリカ留学が可能になった。アメリカに留学した台湾人留学生は公民権運動やベトナム反戦運動やフェミニズムに感化され、だが、そうであるがゆえにアメリカで反国民党運動に参与し、戒厳令体制下の母国に帰国する選択肢をとらない（あるいはとることができない）ものも少なくなかった。その後、戒厳令が解除される一九八七年前後にアメリカ在住の台湾人左派が一斉に帰国し、かれらが九〇年代以降の社会運動や学術研究を担う層になる。

こうした政治的背景から、アクティヴィズムへの関心が強い点も台湾のクィア・スタディーズの特徴といってよい。戒厳令解除の前後に帰国したフェミニストたちは「知識人青年にとってデモに参加しないという選択肢はなかった」といった風潮のなか［王蘋 二〇〇八］、英語圏の理論を流用しつつ社会運動を理論面からサポートした。たとえば、国立中央大学の「ジェンダー／セクシュアリティ（性／別）研究室」がその名称としてつくりだした「性／別」という造語には、セクシュアリティ（「性」）をジェンダーやエスニシティや階級や年齢などの社会的差異（「別」）との関連で考察するといった意味が付与され、そうしたアプローチは「女性」ジェンダーをゆいいつの根拠としてセクシュアリティや階級の問題を不問に付す傾向の強かった同時代の女性運動にたいする抵抗意識が強く刻印されている［何春蕤 二〇一三］。

クィア・スタディーズの研究成果の出版動向も特徴的である。アカデミアも社会と隔絶した「ユートピア」ではないという認識のもと、ジェンダー／セクシュアリティ研究室は出版事業をみずから引き受け、「クィアな言論の空間」を守るために大学から助成金などを受けずにクィア・スタディーズの成果を自主出版で、さらに読者にたいしては無料で配布してきた。また、論文集の刊行にさいしてはアクティヴィズムに従事するひとたちからの論考もほとんど例外なく取り入れてきた。

こうしたアクティヴィズムへの関心は、広くいえば一九九〇年代以降の学術領域全般に共通した点でもある。一九九〇年代は台湾社会にとって多様な社会運動が同時的かつ爆発的に興った時代であり、クィア・スタディーズ領域でも（新しい）社会運動論のアプローチから運動団体や事例を対象とする先行研究の厚みは大きい。こうした状況は世界史的にも稀といえる約四〇年もの長期におよぶ戒厳令体制の反動による社会運動の爆発的な盛りあがりを背景としている。

3 最後に

以上見てきたように、あらゆる研究領域がそうであるように台湾のクィア・スタディーズも（英語圏の学術動向だけでなく）その国の政治的背景から自由ではない。

近年、台湾が「LGBTフレンドリーな社会」へ移行しつつあるなか、婚姻制度に挑戦しない同性パートナーシップの政治的包摂がアクティヴィズムの最大の焦点となっている。事実、婚姻制度から同性カップルを排除した現行民法を違憲とする司法院大法官の判断はアクティヴィズムによって歓声をもって受容され、婚姻制度それ自体を批判的に問う声はかき消されてしまった。現在、アクティヴィズムのなかで「酷児」という言葉は忘れ去られようとしており、九〇年代のカミングアウトをめぐる論争は「立派な公民としてのLGBT（＝同志）」（として主張する立場）に回収されつつある。アクティヴィズムのかつてない盛りあがりと主流化に対してクィア・スタディーズがいかに介入するか、台湾の動向から目が離せない。

註

（1）二〇一九年五月二四日、司法院釈字第七四八号解釈試行法が施行され、アジアで初めて同性間の婚姻が法制化された。ただし同性婚の制定過程では、プロテスタント保守を中心とするバックラッシュと交渉する中で性的少数者のアクティヴィズムの保守化がみられた。この点については、福永［二〇二二］で詳しく論じた。

参考文献

畢恆達［二〇〇三］「同志教育——専題引言」『両性平等教育季刊』二三、一〇—一一。
何春蕤［二〇一三］《研究社会性／別：一个脉络的反思》『社会学评论』一（五）、四五—五一。

Ho, Josephine［2015］“Localized Trajectories of Queerness and Activism under Global Governance,” *Thamyris/ Intersecting*, 30: 121-136.

福永玄弥［二〇一七a］「台湾で同性婚が成立の見通し――司法院大法官の憲法解釈を読む」、シノドス、http://synodos.jp/society/19837（二〇一七年六月二日最終閲覧）。

――［二〇一七b］「『LGBTフレンドリーな台湾』の誕生」、瀬地山角編『ジェンダーとセクシュアリティで見る東アジア』勁草書房。

――［二〇二二］「『毀家・廃婚』から『婚姻平等』へ――台湾における同性婚の法制化と『良き市民』の政治」『ソシオロゴス』四五、三九―五八。

王蘋［二〇〇八］「台湾的婦女運動發展」北京師範大学「台湾性／別権利的浮現」演講。

第三章

女性同士の《結婚》

赤枝香奈子

はじめに

二〇一九年二月一四日、札幌、東京、大阪、名古屋の全国四カ所で、同性同士の結婚（同性婚）を求める訴訟が起こされた(1)。日本で同性婚を求めて訴訟が起こされたのは、これが初めてのことである。周知の通り、日本では現在、法律上同性同士である二人が結婚することはできない。ただ、二〇一五年三月に東京都渋谷区でいわゆるパートナーシップ条例（正式名称は「渋谷区男女平等及び多様性を尊重する社会を推進する条例」）が成立して以来、同性同士の関係を「パートナーシップ」として、夫婦に準ずる関係と認め、証明書等を発行する制度を導入する地方自治体は急速に増えており、以前に比べると同性同士のカップルの可視化は進んでいると考えられる。

本章では、このように同性婚を求める訴訟が起こされる社会的背景について考察するにあたり、そもそも結婚とは何かということを明治期に遡って検討する。続いて女性同士の「結婚」を取り上げた雑誌記事をたどることで、その当時、何をもって「結婚」とみなされていたのかを明らかにする。「同性婚」という言葉が使われるようになる以前から、そして現在でも、夫婦のように暮らしている同性同士のカップルは存在している。性的マイノリティの総称として使われているＬＧＢＴや、彼女／彼らとかかわりの深い同性婚という言葉は、日本では二〇一〇年代以降、急速に広まったが、その歴史を遡って見ていくことで、日本において同性同士のカップル、特に女性同士のカップルがどのように暮らしてきたのか、その痕跡をたどるとともに、同性同士のカップルを取り巻く状況を今一度捉え直すための視座を提示したい。

1　結婚の重層性

現在、「入籍した」ということを結婚したとの意味で使っているように、結婚は婚姻届を提出し、戸籍上夫婦となる法律婚とほぼ同一視されているといってよいだろう。もちろん、法律婚が可能な男女のカップル（異性カップル）でも、婚姻届を提出することなく、事実上夫婦となる「事実婚」も存在する。ただ、法律婚ができない同性同士のカップル（同性カップル）が、事実婚の異性カップルと同じように暮らしている場合でも、その関係性が「事実婚」として認められるかというと、必ずしもそういうわけではない。現在、地方自治体で導入されているパートナーシップ制度でも、パートナーシップを「夫婦に準ずる関係」と表現しつつも、実際のところ、その公的な効力は、公営住宅の入居資格が認められる自治体もあるといった程度であり、男女の事実婚が法律上明文で、または解釈等により、かなりの法的効果が認められているのと大きく異なる。社会学者の石田仁は、日本の自治体が導入しているパートナーのための制度は諸外国の制度と比較し、保障される権利義務関係が大幅に少ないことから、「パートナーシップ制度」ではなく「パートナーシップ認定制度」と呼び分けている［石田 二〇一九：一三八］。

では、法的な結婚とは何か。日本国憲法第二四条一項では、「婚姻は、両性の合意のみに基いて成立し、夫婦が同等の権利を有することを基本として、相互の協力により、維持されなければならない」と定められている。戦後、新憲法制定にあたり、民法、戸籍法も改正されたのだが、一九四七年改正の民法第七三九条では、「婚姻は、戸籍法の定めるところにより届け出ることによって、その効力を生ずる」と記されており、明治民法以来の「届出婚主義」が採用されている。

日本で民法が定められたのは明治半ばである。家族社会学者の湯沢雍彦は当時の離婚率の高さに言及しながら、次のように述べている。

> 政府は明治三十一年に婚姻法・離婚法を含む「民法」をやっとのことで制定したものの、庶民は裁判離婚をほとんど利用しなかった。夫婦財産契約に至ってはないと同じ。それでいて、大部分の結婚と離婚は、親の一存でどんどん決められていく。法とは無関係な世界にある世間のしきたりこそが、「日本の生ける法」だったのである。［湯沢 二〇〇五：八］

ここからは、明治半ばにおいては新たにできた民法よりも、「日本の生ける法」である「世間のしきたり」の方が優勢であったことが窺える。湯沢によると、当時の日本では、結婚式を挙げてもすぐに届け出ることは少なかったが、「周りの世間は、結婚式を挙げたり、何年も同居している男女を夫婦と認めていた」という［同：一九四］。そのような「社会的、現実的には、挙式・同棲して夫婦共同生活を送っているにも拘わらず、民法所定の婚姻の届出手続を了していないがために、法律的には正式の夫婦としては取り扱われることがない、いわゆる内縁夫婦を、法律上の夫婦でないことのゆえに、文字通り法外的な関係として、法的保護の外におくべきか、それとも、法外的な関係ではあるが、一定の要件を具備したもしくは特段の事情ある事案に関しては、何等かの形で法的保護の手をさしのべるべきであるかの問題」［太田 一九八六：六］である「内縁問題」は、「社会慣行とは異なる婚姻の成立方式を採用したことから、必然的に生じた問題」であった［二宮 一九九〇：二］。

そのような内縁問題が数多く発生した原因としては、嫁がその家の家風に合うかどうかや後継ぎの子どもを出産できるかどうかがわかるまで婚姻の届出をしないという「伝統的な婚姻慣行」や、明治民法では婚姻に父母や戸主の同意が必要とされたことや、戸主や法的推定家督相続人は婚姻によって他家に入ることができないために婚姻の届出ができないという「法的な婚姻障害」などがあった［同：三―四］。このような問題がその後の内縁保護の拡大や、さらには「婚姻は、両性の合意のみに基づいて成立」するという憲法第二四条一項にもつながっていく。

ちなみに『広辞苑』（第七版、二〇一八年）では、「結婚」は「男女が夫婦となること」と非常にシンプルに説明されているのだが、世界的に見れば同性同士の結婚が正式に認められている国々が二〇一七年時点でも二〇カ国以上あったことを考えると、この説明は適切とは言えないだろう。同性同士の関係も含みうるものとして結婚の説明がなされているものとしては、例えば『岩波 女性学事典』の「結婚」の項があげられるが、そこでは以下のように結婚について解説されている。

社会的に承認されたカップルの持続的な結合状態を指し、婚姻ともいう。正統と見なされるカップルの結合状態は、時代や文化によってその形態、内実が異なっている。〔中略〕一部の国・地域では、同性同士のカップルの婚姻も認められている。結婚したカップルは、扶養や相続など権利義務関係が定められ、自由に離婚できないなど社会的に保護されている。結婚しているカップルに生まれた子は、自動的に社会の正統な一員として認められる。戦後の日本においては、結婚は生活共同体を築くことであるとともに、愛情に基づくべきものというイデオロギーが広がった。そのため、相手を自分の責任において選ぶ恋愛結婚が高度経済成長期に普及する。また、戦後から一九七五年頃までは、九五%以上の人が結婚する世界的にも珍しい皆婚社会が生じた。〔井上ほか 二〇〇二:一〇九―一一〇〕

この項の執筆者は家族社会学者の山田昌弘であるが、ここでは結婚が「婚姻」と同義で取り扱われていることや、「権利義務関係が定められ」などの記述から、「結婚＝法律婚」と想定されていることが推察される。しかしながら「正統と見なされるカップルの結合状態は、時代や文化によってその形態、内実が異なっている」という記述からは、湯沢のいう「世間のしきたり」によって決められる結婚の姿も垣間見える。

これらの結婚をめぐる議論や説明から、明治期以降、結婚が「世間のしきたり」によって決められるものから、法律婚を基準にしたものへと変化していったと考えられるが、同時に、結婚には法によって定義される側面と、世間や社会的な規範によってそれと認められる側面があり、両者は必ずしも一致しないこと、またこれらのいずれが優勢であるかはもちろんのこと、結婚というもの自体が時代や社会によって変化するものであるということが言えよう(2)。

同性のパートナーと「夫夫《ふうふ》」として暮らしている弁護士の南和行は、自分たちの関係について以下のように述べている。

屁理屈のように聞こえるかもしれないが、「日本で同性婚ができない」というのは、あくまでも法律婚としての同性婚ができないというだけのことであり、私たちは「夫夫《ふうふ》」［で］ある。だから私が「男性と結婚していますす」と言っても、それはさしずめ同性婚の事実婚ということになる。［南 二〇一五：一三］

現在、「日本で同性婚ができない」というときに、「法律婚としての」と留保をつけるのは重要であると考える。南は「屁理屈のように聞こえるかもしれないが」と断っているが、これは決して屁理屈などではなく、「同性婚の事実婚」カップルは南たちのように現在も、また過去においても存在してきたからである。「結婚＝法律婚」へと収斂していく過程で、法律婚ができないことの問題や不利益が明らかになり、法律婚としての同性婚を求める動きへとつながっていったと考えられるが、そのような動きと同じくらい、同性同士で事実婚生活を送ったカップルの歴史を消さないことも重要であると考える。それは、社会の中で周縁化されがちなマイノリティの歴史を残していくことであり、また人と人とがともに暮らす形の多様性や、社会の中で創意工夫しながら生き抜く可能性を示しているからである。

次節では、主に戦後の一般雑誌に現れた女性同士の結婚を取り上げた記事について考察する。日本には、二〇一五年までパートナーシップ制度は存在せず、また現在に至るまで同性婚は法制化されていないが、そのような状況下において、同性同士のカップルが何らかの法的保障を得るための手段として、養子縁組を行うことで家族となったり、公正証書を作成したりする場合があった。またそのような方法を取らない場合であっても、同性の二人が結婚しているとして報じられるケースもあった。同性同士が正式には結婚できないはずの社会において、彼女たちの関係はどのような形で取り上げられ、論じられたのか、そこから現在の結婚との共通点や差異を示したい。

2　雑誌記事に見る女性同士の結婚

（1）新聞・雑誌記事におけるレズビアン表象

本節では、女性同士の結婚を取り上げた雑誌記事を見ていく。それらは必ずしも現実を正確に映し出しているというわけではなく、中にはゴシップ記事といえるようなものも含まれている。ただ、日本では同性愛が法的に禁止されているわけでもないにもかかわらず、同性愛者や同性愛に対する嫌悪や差別が存在してきたことを考えると、メディアの影響は大きいと考えられ、そこで同性同士の親密な関係がどのように描かれ、論じられてきたかを検討することは重要であると考える。また、同性同士で暮らしていた人たちの様子を知る手がかりが決して多くはない中で、たとえ偏見が含まれていたとしても、これらの記事は資料として貴重なものと言える。

「同性愛」という言葉は、日本では一九一〇年代頃から使われ始めた語であるが、戦前においては現在とは少しニュアンスが異なり、「エス（S）」などと呼ばれた女学校における親密な関係、とくに精神的なつながりを指す言葉としてしばしば使われていた。また、そのような同性愛は「卒業とともに終わるもの」とみなされていた。ただ、それは本人たちの意思によって終わらせるというよりは、当時の強い結婚規範、つまり「絶対に結婚しなければならない」という規範が大前提としてあり、多くの女性にとって、たとえ女性同士の親密な関係を続けることを望んだとしても、結婚を拒否することは非常に困難であり、また当時、女性がつくことのできた職業を考えても、女性二人で自立して暮らすことは難しかったと考えられる。にもかかわらず、それを「成長すると、自然に異性愛に移行するもの」と読み換えることで、異性愛をさらに強固に自然化、絶対化していた。

こうした中で作られる女性同士の親密な関係というのは、本人たちにとってはむしろ「結婚とは対置されるもの」であった。つまり結婚とはあくまでも「義務」であり、それに対して、自分の意思で選んだ相手と精神的に深いつながりをもつという女性同士の親密な関係は、結婚とは対極にある純粋な関係として捉えられていた。また、数としては多くはないが、大人の女性同士が夫婦のように暮らしている事例や、それを「女夫婦」と呼んでいる新聞・雑誌記事は明治期から見られ（記事中で紹介されている事例には、江戸期のものも含まれる）、その後も女性同士で暮らしているカップルを「同棲愛」として紹介している雑誌記事などもある[3]。

戦後になると、同性愛といえばもっぱら女学校時代の親密な関係で、かつ精神的なつながりである、という認識枠組みは徐々に消えていき、現在の同性愛概念に近いものになっていく。一九五〇年代が転換点で、このころから「同性愛」は肉体的な関係を指す言葉へと変わっていった[4]。

戦後の一般雑誌におけるレズビアン表象については、杉浦郁子による一連の研究があるが[5]、杉浦［二〇〇五］によると、一九六〇年代に「肉欲的なレズビアン」イメージ、モチーフが雑誌上に登場してきたという。それらの記事では、レズビアンは性的に奔放で、貪欲に快楽を得ようとする存在として描かれ、その後、雑誌における支配的なレズビアン表象になっていったとのことである。一方、筆者自身も戦後の「レズビアン（レスビアン）」や「同性愛」を取り上げた記事を見ていく中で、一九六〇年代から七〇年代にかけて、「レズビアン夫婦」や「レズ夫婦」という言葉で女性同士の結婚や「夫婦」関係が取り上げられている記事が存在することが明らかになってきた。[6] 以下では、これらの記事を見ていくことで、「肉欲的なレズビアン」イメージには必ずしも回収しきれない、レズビアン表象に光を当ててみたい。

（2）「レズビアン夫婦」

女性同士の結婚について取り上げたもので、早い段階での記事としては、一九六四年九月一〇日の『週刊現代』に掲載された「女と女が結婚式を挙げてからの一年間」が挙げられる。[7] ここでは「女と女の結婚式――それが、なにも冗談や、悪ふざけで行われたものでないことは、（仲人を頼まれた）堀越さんの困惑ぶりからもうかがえようというもの」だが、「友人、知人五十余名の見守るなかで、男装の美沙子さんが型通りの三々九度の盃を傾ければ、女装の百合さんはこれを受け、結婚式を、終えることができた」、そして「このあと、二人揃って婚姻届けを姫路市役所に提出にいったという。だが、もちろん現行の〝戸籍法〟以前の問題だけに、受けつけられる筈がない。そこで、美沙子さんは〝妻〟の百合さんを『妹』として入籍、新婚旅行に旅立っていった」と書かれている。また、結婚式の時の二人の写真も掲載されている。

先述した通り、女性同士の「夫婦」を取り上げた記事は戦前から見られるのだが、一九六〇年代以降の記事の特徴は、実際に当事者の語りが出てくるということである。[8] この二人の結婚自体は、実は記事が出た時点では破綻しかかっているのであるが、そうした自分たちの結婚を振り返って、美沙子さんは、次のように語っている。

結婚というけど、私たち衣裳をつけてみたかっただけ。愛しあっている者が憧れるでしょ、結婚式というものに……あれよ。披露宴をやったりしたのは、本当のところ、私が百合ちゃんを離したくなかったから。友人たちを呼んで正式に披露すれば誰も私たちの間に割りこめないからよ。

この記事で興味深いのは、同じ記事の中で、彼女たちが暮らしている姫路にはこのような「女同志で夫婦になったカップル」が一二組もいるという話が紹介されていることである。

一九六六年一一月七日号の『女性自身』[9]に掲載された「女どうしの夫婦　ピーターとマコ」という記事では、タイトルにあるピーターという名前の横に「女バーテンダー」と職業が書かれており、マコという名前の横には「女子大生」と書かれている。掲載されている写真からは、この二人が「男性的」な女性と「女性的」な女性[10]のカップルであることがわかる。この記事の副題は「恍惚と反逆の〝愛〟に賭けるこういう青春」となっているが、実際に記事を読むと、「もう別れようと思うんだ」「マコは高校教師になるっていうし、そしたら、こんな関係つづけるわけにはゆかないもんな」と夫のピーターは語っている。それに続けて「そりゃそうだ。高校教師は別の宇宙に住んでいるのだから」と、その理由が添えられている。このような職業や階層の問題は、当時の女性同士の結婚あるいは夫婦の話を考える際、重要な要素となってくるのだが、この点については後ほど論じることとする。

一九六九年四月一〇日の『週刊平凡』に掲載された「女同士で結婚するマヤ（二一歳）とみち（一九

歳）のある青春」という記事[11]では、マヤとみちをそれぞれ「カレ」「カノジョ」と、男性と女性にたとえているのだが、掲載されている二人の写真を見る限りでは、少なくとも筆者にはどちらが「カレ」でどちらが「カノジョ」なのか判別できず、どちらもフェミニンな女性であるように見受けられる。
一九七〇年六月一五日の「日本〝女性〟とオーストラリア女性のレスビアン国際結婚」という記事[12]もグラビア中心の短い記事であるが、やはり結婚式では一方が色打掛に角隠し、もう一方が紋付袴という〈男女〉の衣装で式を挙げていることがわかる。なおこの記事では、「彼」の方が「彼女を養女にするつもり」と語っている。
一九七三年七月一四日の『女性自身』の「レズビアン夫婦」に対するインタビュー記事[13]ではまず、「夫」と「妻」という形でそれぞれのプロフィールが紹介されている。「夫」である健は「レズ用語でタチという男役」、「妻」のマキは「レズ用語でネコという存在」と書かれており、そしてマキは「彼の戸籍に入ることを唯一の喜びとしている」と紹介され、インタビューの中でも籍のことが話題になっている。

富島（インタビュアー）「籍の問題はどうなっているの？」
健「一年以上もたったことだし、そろそろいれなければいけないと思っているんです。」
富島「しかし、法律的には夫婦として、認められないでしょう？」
健「ですから、彼女をボクの養女として、入籍するんです」

そこで、インタビュアーは妻のほうに話を振り、子どもについての質問をしている。

富島「子どもは生みたいと思わない？」
マキ「ほしいことはほしいけれど……。でも、男性に接してまで生みたいとは思いません。」

同じく一九七三年に『ヤングレディ』に掲載されたグラビアに近い記事[14]では、「レズ夫婦」という言葉が使われている。「ひっそりと生きる」という見出しに続き、この二人が「同棲生活をはじめてから、まる一年になる」と書かれており、ここでもやはりそれぞれが「タチ（男役）」「ネコ（女役）」と説明され、この二人が「完全に〝夫婦〟として暮らしている」と紹介されている。「三津子は常におなべ（男装）スタイル。いづみには、フリルのついたかわいらしい服を好んで着せたがる」とのことであるが、当時は、男装している女性、特にレズビアン・バーなどで働いている女性を指して、「おなべ」という言葉が使われていた。

掲載されている写真では、二人の日常生活からいくつかの場面が切り取られている。「いづみは七時起床。三津子のために食事のしたくをする。八時に〝主人〟を送り出すと、急いで自分も出社する」という生活を送っているが、「愛しあうふたり——でも〝愛の結晶〟は絶対にできない。年もとる。宿命的な人生の重みにこれから、どう耐えていくのだろうか……」と結ばれている。

一九七五年一月二七日の『ヤングレディ』に掲載された記事でも、「レズ夫婦」が紹介されている[15]。この夫婦は初夜を迎えるまで妻は夫が女性だと気づかなかったという[16]。この夫（「広佑」）は「どこからみても〝男〟」で、本人も「自分を女だなんて思ったこたア、一回だってありゃしない。ただ、オチンチンがついてないだけさ」と語っているが、それでもやはり「レズ夫婦」として取り上げられている。ただ本人たちは、自分たちは「まったく普通の夫婦だ」と語り、そして自分たちの関係をどう周りに認めさせたかというと、「説明だけじゃ説得力がないからね。結婚と同時に、コレ（妻）を受取人にして最大限の保険に入って、コレの両親やきょうだいに、ふつう以上の信用を得るように努力したわけさ」ということで、やはりこちらでも「ミヨカさんは広佑さんの養女として入籍した」と書かれている[17]。

ここまで見てきた「レズ夫婦」「レズビアン夫婦」、あるいは「女性同士の結婚」を取り上げた記事では、セックスの話題は必ず触れられている。ただ、そのような「性生活」だけではなく、二人の日常生活全体をクローズアップするという効果も、これらの記事にはあった。つまり、レズビアンにかんして、「肉欲的なレズビアン」とは異なるイメージを提供していたと考えられる。

ジェンダー表象という点では、当人たちが従来の男女役割を踏襲しているようであったり、取材する側もそのようなステレオタイプ化したイメージでもって二人を眺めているような記事が多いと言える。たとえば先ほどの、初夜を迎えるまで相手が女性だと気づかなかったというカップルの話では、夫の方は、なぜ結婚したいと思ったかというと、「こいつに朝晩のめしの支度をしてもらえたら、どんなに幸福だろう、と思ったんだ」と語っている。あるいは、この人物の日常として、「家庭に帰ると、曠佑氏は洋服からクツ下まで、ミヨカさんの手でぬがしてもらう」、「男もののシャツ、ランニング、パンツという格好で、どっかりあぐらをかく夫」と、従来の男女の役割や態度と近い様子が描かれている[18]。

ただ、従来の男女の役割と似ているけれども、完全に同一視されているわけではない。つまり、ここで取り上げた記事ではほぼすべて、男性的な人物と女性的な人物の組み合わせとしてカップルが紹介されているのだが、にもかかわらず、やはり前提となっているのは彼女たちがレズビアン、すなわち女性であるということなのである。実生活では男性と見まがうばかりと言われていても、記事の中ではあくまでも女性（もしくは男でも女でもない）として取り上げられており、異性愛の夫婦とまったく同じものとして論じられているわけではない。たしかにそれに近い形で紹介されているカップルもいるが、先ほどの『ヤングレディ』（一九七五年一月二七日）の記事のように、「夫婦愛――まさにその典型のような二人がいまここにいる、女同士にも夫婦愛はある」と述べ、むしろ「夫婦愛」という言葉を生物学的な男女ではないカップルにも範囲に広げて適用することで、二人の関係を「結婚」という枠組みで捉えようとしている。

さらに、このような二人の関係は子どもという「かすがい」がないからこそ、一般的な男女の関係や男女の結婚以上の、強い愛情による結びつきとして捉えられてもいる。ミヨカさんにはたしかに子どもが欲しいと思う気持ちはある。ただ、「子供とこの人とどちらを選ぶか？　自分に二者択一を迫るとき、答えは簡単に出た」という。つまり、子どもを持つことではなく、広佑さんと一緒になることを選んだということである[19]。

レズビアンを取り上げた『ヤングレディ』（一九七五年一月一日）の記事の中の解説で、作家の戸川昌子が男女の結婚生活と比べながら、女性同士の愛について次のように述べている。

> 男と女の結婚生活というものは、よほど特殊な場合でないかぎり、やがて灰色の倦怠に襲われる。〔中略〕それにくらべて、同性愛の人たちの愛の意識は常にとぎすまされた刃のように目覚めている。〔中略〕女同士に〝かすがい〟になるような子供が出来るわけでもなく、結婚→家庭という具体的なものが創り出されるわけでもない。二人の信頼感と愛情だけで成り立っている[20]

ここでは、男女の結婚よりも純粋な愛情関係を女性同士の関係に見ることで、後者の関係をより高く評価しているといえよう。

(3) 何をもって「結婚」とみなされていたのか

ここまで見てきた女性同士の結婚や「レズビアン夫婦」「レズ夫婦」を取り上げた記事では、結局のところ、何をもって二人の関係は「結婚」とみなされていたのだろうか。

第一に、「夫婦のように見える」ということが挙げられる。まずは見た目で、〈男〉と〈女〉のカップルのように見えるということが、「男装」や「女装」という言葉を使いながら説明されていたり、あるいは、男性的な態度、女性的な態度の描写から〈男女〉の組み合わせに類するものとして描写されたりしていた。それぞれの役割も、男役とかタチ、あるいは女役とかネコというふうに、男性的な人物と女性的な人物の組み合わせとして説明されており、その二人が「夫婦のように見える」というふうに、「見た目」が重視されていた。つまり、夫婦とは「〈男的存在〉と〈女的存在〉の組み合わせ」という前提があって、無理にでもその型に当てはめようとしていたとも言える。たとえば、先ほどの『週刊平凡』(一九六九年四月一〇日)の記事では、「カレとカノジョのインタビュー」をおえて記者が感じたことなのだが、オトコ役をやっているマヤのほうがすべての面で女っぽく、オンナ役のみちが男に近い、という矛盾である」と書かれている。この点についてはそもそも、この記者の「オトコ役・オンナ役」という見方が適切ではないのではないかと思われるのだが、そのように無理矢理、同性の二人を男役・女役という型に当てはめることとの問題性は自覚されることなく、自分がもっている「オトコ役・オンナ役」という認識枠組みにはしっくりこないことが当人たちの問題へとすり替えられている。

次に、何をもって「結婚」とみなされているか、ということでは、同居（同棲）が挙げられる。この当時、有名な女性歌手が失踪して、男性的女性と同居していたという事件があった。当時の記事ではこの歌手について、「男装の〝恋人〟とレス結婚に踏みきっ」て「事実上の結婚生活にはい」り、「現実に毎日起居を共にする夫婦生活」を送っていると書かれている。[21]つまり、同棲していることを結婚生活や夫婦生活とみなしている。

もう一つ、『ヤングレディ』（一九七五年一月二七日）の記事と同じカップルを取り上げた『女性自身』（一九七二年六月一七日）の記事では、「私たちは、正式に〝結婚〟して、もう八年にもなるんですから。ええ、ちゃんと〝入籍〟もしています」と書かれている。[22]この記事によると、同棲を開始したのがこの八年前ということになるので、「〝結婚〟している」というのはすなわち、同棲しているということを意味していると理解できる。

次に「入籍」が挙げられる。記事の紹介でも触れたが、女性同士の結婚を取り上げた記事では「入籍」という言葉が多用されている。ただし、この入籍は養子縁組だけではない。一方の妹として入籍し、戸籍上は姉妹となるケースなどもある。結局のところ、「入籍」という言葉を結婚の代わり、あるいはほぼ同じ意味で用いることで、同性同士の結婚を既成事実化しているのではないかと考えられる。なお、結婚式についてはケース・バイ・ケースである。非常に重要視しているカップルもいれば、そうでないカップルもいる。

最後に、階級・階層が関係している。これらの記事で取り上げられているカップルの職業には、かなりの偏りが見られる。「レズビアン夫婦」とか「レズ夫婦」として紹介された人々は、特に男性的な女性の方はレズビアン・バーなどのバーテンダーや、バーやスナックの経営者であったり、それらの店をカップルで経営していたり、女性的な女性の方であれば、ホステスをしているとか、あるいはダンサーという職業もしばしば見られる。基本的にはこのように水商売やショービジネスに携わっている人が多いということが、特徴として挙げられるだろう。

以上をまとめると、これらの記事では、例えば婚姻届を出していないから（婚姻届が受理されていないから）結婚とはみなせない、というようなことは一切書かれていない。そのような、法的な手続きよりは、同棲などの生活実態を重視して結婚生活を送っているとみなしているようである。そしてこのことは、現在に比べ当時はまだ内縁関係[23]が多かったことが関係しているのではないかと推察される。[24]

（4）男役の困難

ここで、これらの記事に出てきた「男役」についてもう少し詳しく見ていきたい。そもそも「役」という言葉がそうであるのだが、「脱ぎ捨てられるもの」「一時的なもの」というイメージが強い言葉であり、実際に男役の方の人物がその役をやめてしまう話がしばしば見られる。男役というのは、「男そのもの」であるという自己の意識もあれば、他者による表象もあるが、後日談として、その人物が「女に戻る」話もよく出てくるのである。つまり、男役は「男そのもの」と「女に戻る」との板挟みで、一貫してそうあり続けるのが困難な、不安定な存在といえる。それが男女の夫婦関係にはない不安定要素となる可能性がうかがえる。

一九八〇年七月三日の『女性自身』の記事[25]には、芸能界でさまざまな女性と関係を持ち「レズビアンの女王」と呼ばれたバニー智吉という人物が男性との結婚、そして妊娠、出産を経て、再び銀座で働くようになるまでの話が記されている。バニー智吉は過去の自分について、「そう、わたしは〝男〟だもの、女の子をよろこばすのがつとめでしょう。ドレス、宝石、なんでもほしがるものは買ってやる。夜のテクニックだって、一心不乱にやってやる。それが男よ」と振り返り、そこから自分を男そのものと位置づけていたことがわかるのだが、現在は「ただひとすじ、子どもへの愛に生きている母親」となり、ただ子どものためだけに再び男装して働く様子が紹介されている。

レズビアンの中の男役（タチ）に対しては、一九七〇年代末に登場したレズビアン・フェミニスト、すなわちウーマン・リブの流れの中から生まれてきたレズビアンたちからも、厳しい批判が寄せられた。その存在のみならず、タチとネコというロールプレーや、男役・女役ということ自体も批判の対象だったのだが、その際、批判はレズビアンの女役（ネコ）よりもタチに向けられた。そのことについて原ミナ汰は、「タチネコの問題はねぇ、最初からタチの負け戦みたいなかんじだった」と語っている［ミナ汰 二〇〇九：一二五］。

この当時のことを、出雲まろうは、次のように回想している。ここでは、男性的なレズビアンを指す「ブッチ」と女性的なレズビアンを指す「フェム」という用語が使われている。

本当はブッチ批判ということよりはそのおとこ性の批判なのね。ブッチが男のように支配的な立場を示すことに対する嫌悪感がずっとあって、それがおなべ批判にもなるし、役割／ロールプレー批判にもなって、ごちゃごちゃになってしまっているのね。

その辺はやっぱり、ジェンダーという言葉の輸入とか、トランスセクシュアルの存在が出てこない限り、明確にならないごちゃごちゃだったなと思う。ジェンダーという言葉がないから男役

／女役というロールプレイ批判になって、それがすごく単純に考えられていた。〔出雲ほか 一九九七：七四〕

杉浦によると、レズビアン・フェミニスト言説は、レズビアンの役割分担を批判し、「自分を女と認めることができる女性が『レズビアン』であるという論調」で、「男装の女性を『レズビアン』から疎外しながら『あるべきレズビアン』のあり方を伝えていく」ものだった(26)〔杉浦 二〇〇六：五一五〕。一九八〇年代にこのようなレズビアンの自己表象が広まったことにより、男性的な女性と女性的な女性のカップル関係である「レズビアン夫婦」もまた、レズビアンというカテゴリーからは除外されていったと考えられる。

ただ、そうしたレズビアン内部でのタチやオナベの捉え方の変化だけでなく、社会における結婚の位置づけの変化もそこには影響していたと考えられる。すなわち結婚が法律婚と同一視されていくようになるプロセスにおいて、法律婚をしていない（法律婚ができない）同性同士のカップルの共同生活は、結婚としてみなされにくい状況に置かれていったのではないだろうか。その後、同性同士の結婚がメディアで頻繁に取り上げられるようになるのは、二〇一〇年代のことであるが、そこでは明確に法律婚としての同性婚が求められている。

3　法律婚としての同性婚を求める動き

（1）LGBTブームと同性婚

同性婚を求める動きに関連するものとしては、二〇〇四年七月に『同性パートナー――同性婚・DP

法を知るために』［赤杉・土屋・筒井 二〇〇四］が出版されている。二〇〇一年に世界で初めてオランダで同性婚が正式に認められたことを考えると、比較的早い段階での反応のように思われるが、デンマークで一九八九年にパートナーシップ制度が導入されたことや、フランスで一九九九年に「パックス」（民事連帯契約）が創設されたことはすでに注目を集めており、同性婚に類するような新しいパートナーシップの形について議論する土壌はできあがりつつあったと言える。ただ、この時期はまだパートナーシップ制度と同性婚はそこまで明確には区別されておらず、また同性婚を求めることについてやや懐疑的な面も見られる。

現在の同性婚を求める動きにより密接に関わる出来事として、二〇一〇年代のＬＧＢＴブームが挙げられる。二〇一〇年に日本初のＬＧＢＴアワードである「Tokyo SuperStar Awards」が創設され[27]、二〇一二年には電通総研と電通ダイバーシティ・ラボによるＬＧＢＴ調査が行われるなど、これまでの性的マイノリティによるアクティヴィズムとは異なる、企業やビジネスに親和的な新たな動きが現れてきた。二〇一二年のＬＧＢＴ調査では、ＬＧＢＴ層に該当する人々は五・二％と算出されたこと[28]が大きな話題となったが、それ以前、二〇一一年四月の『ＧＱ』でも「THE POWER OF LGBT：世界を動かす巨大マーケット！」という特集が組まれ、その冒頭で日本でのＬＧＢＴ市場は約六兆円と述べ、「ビジネスチャンスはすぐそこにある」と読者に訴えかけている。また、二〇一二年のほぼ同時期に、『週刊ダイヤモンド』（七／一四号）で「国内市場五・七兆円　「ＬＧＢＴ市場」を攻略せよ！」、『週刊東洋経済』（七／一四号）で「知られざる巨大市場　日本のＬＧＢＴ」という特集記事が組まれた。このように二〇一〇年代前半には、新たな「市場」としてＬＧＢＴに注目が集まった[29]。

そのような中、二〇一三年三月には、東京ディズニーリゾートで初となる同性（女性）同士の結婚式が挙げられ、テレビなどのニュースでも報道された[30]。結婚式を挙げるまでの経緯については、漫画で綴られた東・増原［二〇一三］に詳しいが、シンデレラ城で結婚式が挙げられるようになったという話から、一方の女性がディズニーが大好きということもあり、女性同士でも式を挙げられるのか問い合わせてみることになった。ディズニー側の回答としては、同性同士で式を挙げることはできるが、「どちらかが異性に見える服装でお願いいたします」「ドレスとタキシードでしたら問題ありません」とのことで、その理由として、園内にも出ていくプログラムであり、「一般のお客様への影響を考えますと……」と言われて、激怒している様子が描かれている［東・増原 二〇一三：六―九］。その後の交渉の結果、最終的には二人ともがウェディングドレス姿で式を挙げられることになった。

二〇一四年一二月にはタレントの女性と女優兼ダンサーの女性が同性婚を発表し、翌年四月に結婚式を挙げたが、前者は「Wウェディングドレスでの結婚式は、私の夢だった」と、同性婚に至るまでの経緯を綴った著書で述べており［一ノ瀬 二〇一六：一五五］、本の帯にもウェディングドレス姿の二人の写真が使われている[31]。また、この半年ほど前に『朝日新聞』に掲載された同性婚を取り上げた記事では、「法律で結婚が認められていないからこそ、式だけでも挙げたい、というカップルが増えている」と紹介し、女性同士、男性同士のカップルの結婚式の写真が掲載されているのだが、それぞれのカップルはいずれも二人ともがウェディングドレス姿、あるいはタキシード姿で写っている[32]。当時、それぞれ二人が同じ衣装を着けているのが同性婚のイメージとしてあったことがうかがえる。

前節で見てきた通り、これまで日本で女性同士の結婚というものがなかったわけではないが、メディアに現れたものとしては、男性的女性ではない、フェミニンな女性である〈女〉同士の結婚というものは、一九六〇～七〇年代の記事には見られなかった。一方、二〇一〇年代のＬＧＢＴブームの中で取り上げられた同性婚にまつわる記事では、二人が同じ衣装を身につけている姿やそのような願望に焦点を当てることで、「同性」同士であることが強調されていたといえよう。そこでは、タレントやそれに近い職業の女性（たち）が結婚式を挙げたこととも相俟って、女性に美しさを求めるジェンダー規範[33]や、相手を異性とは限定しない形での結婚規範がより強化されることになるのではないかという危惧を抱いたが、その後の同性婚をめぐる報道を見る限りでは、少なくとも前者については、予想とは異なる方向に進んでいるように思われる。それは式のその先にある「生活」の保障を求める同性婚の要求においては、必然的に、カップルの日常生活に焦点が当てられることになるからである。

（2）「婚姻の平等」の実現に向けて

先述の通り、二〇一五年三月に渋谷区で、同性カップルを結婚に相当する関係と認めて証明書を発行する、全国初の条例案が提案、可決された時には、日本初のパートナーシップ制度の導入として大きな注目を集めた。しかしながら、早くも同年七月には、同性婚を求めて新たな動きが見られる。七月七日、四五五名の市民が日弁連に対し、同性婚が認められないのは人権侵害だとして、人権救済の申立てを行った[34]。二〇一九年一月には、同性婚（婚姻の平等）を実現させるために、「弁護士やPRのプロフェッショナル等」によって「公益社団法人　Marriage For All Japan ――結婚の自由をすべての人に」が設立され[35]、精力的に活動を行っている。

「同性婚」という言葉から、異性間で行う結婚とは異なる結婚の形が想起される場合があるが、現在求められているのは、同性カップルのみが利用できる結婚制度の創設ではなく、現行の結婚制度を異性カップル同様、同性カップルも利用できるようになることである。異性婚とは別立ての同性婚という制度を求めているわけではない。そのことをより明確に打ち出すのが「婚姻の平等」(marriage equality)という スローガンである。婚姻の平等は国際社会において、性的マイノリティの人権課題に関わるものと位置づけられており、二〇〇〇年代から現在に至るまで、欧米の先進諸国を中心に、同性婚の法制化が進められてきている。結婚は当該社会における法的側面、慣習的側面から定義されるものではあるが、同性婚の場合、それらに加え、このような国際社会の流れからも大きな影響を受けている。

同性婚の法制化を求める申立てや訴訟では、それぞれの生い立ちや育ってきた家族との関わり、学校生活や職場での人間関係やそこで起きた出来事、現在のパートナーや子どもたちとの関係、自分や近しい人たちに訪れるであろう将来についての話が、本人たちから明らかにされ、法律婚としての同性婚を求める理由が語られる。

一九六〇、七〇年代の女性同士の結婚や「レズビアン夫婦」を取り上げた記事が、たとえ興味本位のものであっても、そこから彼女たちの日常生活が垣間見られたように、結婚というトピックは、毎日のルーティーン化された生活と切り離すことはできない。

同性婚をテーマとしたものではないが、性的マイノリティのカップルの日常が垣間見える、印象的な写真がある。二〇一五年六月二七日の『朝日新聞』に掲載された「私たち家族の食卓——LGBTカップル」には、レズビアンカップル、ゲイカップル(二組)、トランスジェンダーカップルの四組のカップルが食卓についている写真が掲載されている。[36] おそらくは、それぞれの自宅で、普段の食事風景に近い様子を写したものであろう。足元はスリッパ履きで、服装も部屋着に近いように見える。そうした姿は、メディアで注目を浴びた華やかなウェディングドレス姿とは対照的である。

結婚式というのは、異性婚であっても同性婚であっても、やはり非日常の「ハレ」の場である。その背後には、このような日常生活があり、それは同性同士の法律婚が可能であろうとなかろうと、これまでも営まれてきたし、これからも営まれていくであろう。

おわりに

本章では、現在の同性婚を求める動きを歴史的観点から捉えるため、主に一九六〇〜七〇年代に一般雑誌で見られた女性同士の結婚を取り上げた記事をもとに、何をもって「結婚」とみなされていたかを検討してきた。では、そもそも、なぜ一九六〇年代から七〇年代にかけて、このような女性同士の結婚や「レズビアン夫婦」を取り上げる記事が見られたのであろうか。

まずこの時期に、「男役」のレズビアンがメディア上で可視化されたということが挙げられる。それに付随して、男役レズビアンが作るカップル関係も可視化されることとなった。

そしてもう一つ、これらの女性同士の結婚や「夫婦」関係は、当時の「結婚」概念においてその中心ではないものの、周縁には位置づけられうるものであったためと考えられる。一九八〇年代に入ると、配偶者、特に専業主婦を優遇するような制度が導入されていく。すなわち、配偶者特別控除や第三号被保険者制度の創設である。そのほか、民法改正による配偶者相続権の強化や婚外子相続分平等化の否定など、性別役割分業を行う法律婚家族を維持・強化しようという動きが見られた［横山 二〇〇二：三四八］。一九六〇〜七〇年代はそのような変化が起きる前の時期であり、それゆえ、法律婚をしているかどうかによって、少なくとも社会保障という点ではそれほど大きな差がなかったのではないかと考えられる。本章で取り上げたのは、あくまでも雑誌記事ではあるが、このような当時の社会における結婚をめぐる制度や結婚の概念を考えると、女性同士の親密な関係性を結婚や「夫婦」として取り上げる記事に、ある程度の現実味や説得力があったのではないかと推察される。

そして、最後に、何をもって「結婚」とみなすかという問題であるが、〈結婚〉を狭義の結婚（「法律婚＝婚姻」）とし、《結婚》はその周辺にある、本章で紹介したような同性同士のカップル関係も含めた広義の結婚を意味するとするならば、「結婚」が意識の上でも、また実践としても、《結婚》から〈結婚〉へと変わってきたという、社会全体に関わる変化がある。その結果、以前であれば《結婚》には異性カップルも含まれていたが、法律婚が一般化するに従い、同性カップルのみが《結婚》に取り残されることとなった。また戦後広まった「結婚は愛情に基づくもの」という結婚観により、異性婚と同性婚は同列に位置づけられうるものとなったが、だからこそ、後者が法的には不可能となっていることの問題がよりいっそう浮き彫りになり、法律婚としての同性婚を求める動きへとつながっていったのではないだろうか。

註

（1）同年九月には福岡でも提訴され、二〇二一年三月には東京で第二次訴訟も提起された。

（2）『社会学事典』では、「婚姻」について、「男女の配偶関係」であることを前提としつつも、「だれもが納得しうる定義を与えることは、ほとんど不可能であ」り、「それほど文化的・社会的に多様である」と述べている［見田・栗原・田中 一九九四：三二二］。

（3）これらの記事も含め、近代日本における同性愛の認識枠組や女性同士の親密な関係については、赤枝［二〇一一］で論じている。

（4）詳しくは、赤枝［二〇一四］を参照されたい。
（5）杉浦［二〇〇五、二〇〇六、二〇〇八］、Sugiura［2006］。
（6）「レズ」という言葉は、レズビアンに対する差別語として使われてきた歴史的背景があるが、本章では、当時の社会においてどのように女性同士の関係が認識されていたかということも含めて論じるため、もともとの記載通り「レズ」や「レズ夫婦」という表現をそのまま用いる。なお、プライヴァシーを考慮し、引用記事で名字を一部、伏字とした。
（7）「女と女が結婚式を挙げてからの一年間——その奇妙な生活と姫路市民の複雑な表情」『週刊現代』一九六四年九月一〇日。
（8）もちろんそこには編集も加えられているであろうし、本人が語ったそのままではない可能性も高い。ただ、それ以前の「女夫婦」などの記事では、第三者による伝聞情報の記述などが中心であったことを考慮すると、より当人たちの語りに近いものと考えられる。
（9）「女どうしの夫婦ピーター〈女バーテンダー〉とマコ〈女子大生〉——恍惚と反逆の〝愛〟に賭けるこういう青春」『女性自身』一九六六年一一月七日。
（10）この場合の「男性的」「女性的」とは、当該社会でそのようにみなされているような髪型やファッション、ふるまいを指している。
（11）「女同士で結婚するマヤ（二一歳）とみち（一九歳）のある青春——〝G・Sキラーのマヤ〟はなぜ男に絶望したのか」『週刊平凡』一九六九年四月一〇日。
（12）「日本〝女性〟とオーストラリア女性のレスビアン国際結婚——日本最初の奇妙な夫婦・〇〇夏子さんとシルビア嬢の愛の姿」『ヤングレディ』一九七〇年六月一五日。
（13）「新連載　若い性を考える　富島健夫の面接対談調査　第①回レズビアン夫婦（夫・二四才　妻・二四才）指が二人の快感を高めるのかい?・」『女性自身』一九七三年七月一四日。
（14）「ドキュメント　レズ夫婦」『ヤングレディ』一九七三年一〇月二九日。
（15）「ドキュメント　レスビアン　第四回　私たちの同棲・結婚記録　実態——挙式・披露宴までなぜ行ったか」

(16)『ヤングレディ』一九七五年一月二七日。

(17)「私は、夫が女性と知らずに結婚した！　夫・○○曠佑（三九）、妻・ミヨカ（三二）夫妻が追い求めた〝夫婦の愛〟とは」『女性自身』一九七二年六月一七日。

(18)「私は、夫が女性と知らずに結婚した！　夫・○○曠佑（三九）、妻・ミヨカ（三二）夫妻が追い求めた〝夫婦の愛〟とは」。

(19)「ドキュメント　レスビアン　第四回　私たちの同棲・結婚記録　実態――挙式・披露宴までなぜ行ったか」。

(20)「ドキュメント　レスビアン　第四回　私たちの同棲・結婚記録　実態――挙式・披露宴までなぜ行ったか」。

(21)「ドキュメント　レスビアン　その心とからだ！　第一回　あなたにも棲むレズの素質と蒼白い衝動…」『ヤングレディ』一九七五年一月一日。

(21)「初公開！　○○ひろ子○○浩二さん／愛のレズビアン生活のこれがすべて」『ヤングレディ』一九七〇年四月二七日。

(22)「私は、夫が女性と知らずに結婚した！　夫・○○曠佑（三九）、妻・ミヨカ（三二）夫妻が追い求めた〝夫婦の愛〟とは」。

(23)現在、法律婚に対置される概念としては「事実婚」が用いられることが多い。法律的にはそうした事実上の夫婦関係を「内縁」と表現してきたが、事実婚と内縁は必ずしも同じ意味合いで使われているわけではない。杉浦ほかによると、「内縁は、法律婚ができないやむを得ない事情を想像させる言葉」であるが、「事実婚は、自らの主義主張にしたがって意図的に届けを出さない人々の関係や生活を表す言葉」であり、「法律婚にかわる一つの生き方として選択されている」という〔杉浦・野宮・大江　二〇一六：五二〕。なお、このような「事実婚＝リベラル」という見方を歴史的観点から批判的に検討したものとして阪井（二〇一二）が挙げられる。

(24)太田武男によると、法務省は一九六八年、「新戸籍法施行二十周年」を記念して、「結婚行進曲とともに」、「新家庭は婚姻届で明るくスタート」と銘打ったパンフレットを作成し、婚姻届出の早期励行を呼びかけたという。そのような働きかけの影響もあり、全国平均一ヶ月未満の届出は、一九五〇年一七・九％、一九六〇年三〇・六％、一九七〇年五〇・二％、一九八〇年六五・九％となったという〔太田　一九八六：六七、七四〕。

(25)「数奇なるわが愛と性の回想録：もと芸能界レズビアンの女王・バニー智吉（四〇）結婚し、出産し、いま子供を抱え銀座ホステスに」『女性自身』一九八〇年七月三日。

(26)その後、男役、とくに「オナベ」が「レズビアン」カテゴリーから離脱し、やがては「性同一性障害」というカテゴリーに回収されていったのだが、その経緯については、Sugiura［2006］で詳しく論じられている。

(27)「日本初のLGBTアワード賞！」『日本初レズビアン&クィアカルチャーWebマガジン TokyoWrestling.com』(http://www.tokyowrestling.com/articles/2010/11/tokyo_lgbt_awards.html)（二〇二一年一二月一〇日 最終閲覧）。

(28)「電通ダイバーシティ・ラボが「LGBT調査2015」を実施：LGBT市場規模を約五・九兆円と算出」『dentsu』二〇一五年四月二三日 (https://www.dentsu.co.jp/news/release/2015/0423-004032.html)（二〇二一年一二月一〇日 最終閲覧）。

(29)二〇一五年四月に実施された、電通ダイバーシティ・ラボによる第二回目のLGBT調査では、「LGBT層に該当する人は七・六％、LGBT層の商品・サービス市場規模は五・九四兆円」と算出され、さらに「LGBT層を支援・支持する一般層にまで広がる消費傾向」を「レインボー消費」と名づけ、新たな消費の形として注目している（同右）。

(30)このカップルはのちに、二〇一五年一一月五日に交付が始まった渋谷区のパートナーシップ証明書第一号ともなった。

(31)この結婚式について報じたネットのニュースでは、たとえば「同性婚の一ノ瀬文香&杉森茜、Wウエディングドレスで挙式報告」(『シネマトゥデイ』二〇一五年四月一九日 https://www.cinematoday.jp/news/N0072463（二〇二一年一二月一〇日 最終閲覧））があるが、やはりウェディングドレス姿の二人の写真が複数枚掲載されている。

(32)「同性婚さんいらっしゃい」『朝日新聞』（大阪版）二〇一四年一一月三日。

(33)たとえば、臨床心理士の信田さよ子は東小雪との対談で、東らの東京ディズニーリゾートでの結婚式のウエディングドレス姿をニュースで見て、「やはりあの姿が「美しい」ということが、メディア戦略的にも本当に良かったと思いました」と称賛している〔東・信田 二〇一五：三二〕。

(34) 申立てから四年後の二〇一九年七月一八日に日弁連は、「同性婚を認めないことは、憲法一三条、憲法一四条に反する重大な人権侵害であると評価せざるを得ないこと、及び憲法二四条は同性婚を法律で認めることを禁止する趣旨とは考えられないことに照らせば、我が国は、速やかに同性婚を認め、これに関連する法令の改正をすべき」と結論づける意見書を出した（http://douseikon.net/?p=564）（二〇二一年一二月一〇日 最終閲覧）。

(35)「私たち（MFAJ）について」『MARRIGE FOR ALL JAPAN』（https://www.marriageforall.jp/aboutus/）（二〇二一年一二月一〇日 最終閲覧）。なお、公益法人化は二〇二一年九月二七日。

(36)「私たち家族の食卓――LGBTカップル」『朝日新聞』（夕刊）二〇一五年六月二七日。

文献

赤枝香奈子〔二〇一一〕『近代日本における女同士の親密な関係』角川学芸出版。

――〔二〇一四〕「戦後日本における「レズビアン」カテゴリーの定着」、小山静子・赤枝香奈子・今田絵里香編『セクシュアリティの戦後史』京都大学学術出版会。

赤杉康伸・土屋ゆき・筒井真樹子編著〔二〇〇四〕『同性パートナー――同性婚・DP法を知るために』社会批評社。

石田仁〔二〇一九〕『はじめて学ぶLGBT――基礎からトレンドまで』ナツメ社。

出雲まろう・原美奈子・つづらよしこ・落合くみ子〔一九九七〕「日本のレズビアン・ムーヴメント」『現代思想』二五（六）、五八―八三。

一ノ瀬文香〔二〇一六〕『ビアン婚――私が女性と、結婚式を挙げるまで』双葉社。

井上輝子・上野千鶴子・江原由美子・大沢真理・加納実紀代編〔二〇〇二〕『岩波 女性学事典』岩波書店。

太田武男〔一九八六〕「日本の内縁」、太田武男・溜池良夫編『事実婚の比較法的研究』有斐閣。

阪井裕一郎［二〇一二］「事実婚と民主主義――視座の変容から考える現代的課題」『社会学研究科紀要』七四、一―一七。

杉浦郁子［二〇〇五］「一般雑誌における『レズビアン』の表象――戦後から一九七一年まで」『現代風俗学研究』一一、一―一二。

――［二〇〇六］「一九七〇、八〇年代の一般雑誌における「レズビアン」表象――レズビアンフェミニスト言説の登場まで」、矢島正見編著『戦後日本女装・同性愛研究』中央大学出版部。

――［二〇〇八］「日本におけるレズビアン・フェミニズムの活動――一九七〇年代後半の黎明期における」『ジェンダー研究』一一、一四三―一七〇。

――［二〇一七］「日本におけるレズビアン・ミニコミ誌の言説分析――一九七〇年代から一九八〇年代前半まで」『和光大学現代人間学部紀要』一〇、一五九―一七八。

Sugiura, Ikuko, 2006, "Lesbian Discourses in Mainstream Magazines of Post-War Japan: Is *Onabe* Distinct from *Rezubian*?" in Diana Khor and Saori Kamano eds., *"Lesbians" in East Asia: Diversity, Identities, and Resistance*, New York: Harrington Park Press.

杉浦郁子・野宮亜紀・大江千束［二〇一六］『パートナーシップ・生活と制度［結婚、事実婚、同性婚］［増補改訂版］』緑風出版。

同性婚人権救済弁護団編［二〇一六］『同性婚　だれもが自由に結婚する権利』明石書店。

二宮周平［一九九〇］『事実婚の現代的課題』日本評論社。

東小雪・信田さよ子［二〇一五］「私たちがつくる〈家族〉のかたち」『現代思想』四三（一六）、三〇―四五。

東小雪・増原裕子［二〇一三］『レズビアン的結婚生活』イースト・プレス。

見田宗介・栗原彬・田中義久編［一九九四］『〔縮刷版〕社会学事典』弘文堂。

ミナ汰［二〇〇九］「レズビアンの中で人間関係を学ぶ」、杉浦郁子編『日本のレズビアン・コミュニティ――口述の運動史』。

南和行［二〇一五］『同性婚――私たち弁護士夫夫です』祥伝社新書。

湯沢雍彦［二〇〇五］『明治の結婚 明治の離婚――家庭内ジェンダーの原点』角川学芸出版。

横山文野［二〇〇二］『戦後日本の女性政策』勁草書房。

第四章 忘れられた欲望と生存
同性婚がおきざりにするもの

志田哲之

はじめに

本章は同性婚や、同性パートナーシップ制度を批判的に検討することを目的としている。それどころかそもそも同性婚や同性パートナーシップにかぎらず、カップル関係をベースに社会的な認証や保障を行なうこと自体を批判的に検討することを本章は目的としている。

日本では二〇一五年二月以降、地方自治体レベルで同性間のパートナー関係を認証する動きがいくつか見られるようになり、二〇二一年一〇月の時点では一三〇に迫る勢いとなっている。さらに東京都から二〇二二年度内に同性パートナーシップ制度を導入するとの方針が二〇二一年の年末に明らかにされた。

この国内の動向は、すでに同性婚や同性パートナーシップ制度が施行されている諸外国からの影響を多分に受けたものとして、すなわちセクシュアリティのグローバル化によるものだとの説明も可能である。二〇〇一年に世界初の同性婚がオランダで施行され、異性カップルと等しく婚姻制度の利用が可能となった。これを嚆矢としてキリスト教圏を中心とした国々で同様の状況がみられるようになった。これらの国々の多くは、同性婚施行前に前段階として同性カップルのパートナーシップ制度が施行されていた。日本でよく見られる『進んでいる』欧米諸国ではすでに同性婚が成立している」といった言説などは、これをふまえたものと考えられる。

このような展開に対して、同性愛を嫌悪したり、差別や偏見の目で見る人々が批判を行なうことは容易である。たとえば「自然の摂理に反する」「家族の伝統を崩壊させてしまう」「少子化を促進してしまう」といったような批判の言説を目にしたことがある人は多いだろう。しかしながら差別や偏見に敏感であり、人権や平等に関する意識が高い人たちからの制度化要求への批判はあまり見られない。

これは婚姻が、性的指向性や性同一性を問わず権利として保障されるべきだとする考えに賛同しているからといったこともあるだろう。また感情的な側面も考えられる。海外での同性婚に関する報道は、実に感動的である。誇らしげに、ときには涙を流しながら抱きあう姿が映し出されるとともに、「長年、苦楽をともにし連れ添った二人に、ようやく結婚が可能になった」といったようなテロップが流れ、同性婚こそがあたかもレズビアン／ゲイにとっての最も大きな悲願の成就であり、長年にわたる社会運動の成果であるかのように映し出されることがほとんどで、これに抗することは難しい。

そしてパートナー関係の認証や婚姻制度の適用は、家族の形成と地続きである。同性カップルによる里親、養子縁組、生殖補助技術に見られるように第三者の身体や遺伝子の利用によって子どもをもつことは、カップル関係の制度化への要求に続く波としてすでに顕在化しつつある。

以上のような現状にたいして、筆者は首を傾げ続けている。それは同性婚や同性パートナーシップといった制度の確立が、果たして「性の自由」や「生の自由」に向かうプロセスの一過程なのだろうかと考えると、そう考えることが難しいからである。むしろ現状は、異性愛者が築いてきた核家族のようなものを目指していると思われ、つまり異性愛規範的な家族のあり方への同化が進んでいると理解する方が容易である。つまりカップル関係の制度化要求にあたって、かけ声としては「多様性」が声高に行われているものの、その内実は結婚し、子どもをもつ生き方が幸福という「一様性」に向かっており、性や生の「不自由さ」が示されているのではないだろうか。

またそもそも同性愛者はすべからくカップル志向をもち、関係を制度側から認証・保障を受け、家族を形成することを望んでいるとはかぎらないとの指摘もできる。かつてレズビアンはカップル志向が高く、ゲイは乱交志向が高いというジェンダーによる相違が指摘されていたことや、ポリアモリー（複数愛）の存在、そして同性愛と家族との間の緊張状態が今も見られることをふまえると、同性婚の制度化は多様な声のうちのひとつにしかすぎない。それにもかかわらず、制度化要求の声ばかりがわたしたちの耳に届いてしまうのは、いまだわたしたちの社会が異性愛規範に浸りきった社会だからだといえる。マイノリティの中の耳を澄まさないと聞こえない声や、目を凝らさないと見えない姿については認識されづらい社会なのである。よって、同性婚や同性パートナーシップ制度は結局のところ、異性愛規範に大きな疑問をもたず「現在カップル関係にあって制度的保障によって恩恵を被ることができる人びとや、現在カップル関係になくてもカップル関係が形成できると予期している人びとによって支持されている」にすぎないといえる［志田 二〇〇九］。本章ではまず、第一節で性的少数者とそれにまつわる社会運動の歴史をゲイ男性を中心に確認し、第二節にて同性婚や同性パートナーシップ制度が必ずしも性と生の自由のための唯一の解ではないことを確認していきたい。

ところでパートナー関係や結婚を考えるときに、経済的な側面は重要である。山田昌弘は、「従来の人口学や家族社会学は、お金とセックスの問題を意識的にか避けてきた」と指摘したが、これは同性婚をめぐる議論においても（セックスの問題も含めて）ほぼ同様だといえる［山田 二〇〇〇：五六］。お金の問題は日本ではバブル崩壊後の長引く景気低迷の中、格差や貧困社会を考える際の重要なトピックとなり、生涯未婚率の上昇や少子化を読み解く際に不可欠と認識されつつも、性的少数者における経済的側面への言及の顕在化は、比較的近年のことであり、ましてやカップルの形成や関係における経済的な側面についての研究はほとんど見られない（研究においては、釜野さおりや神谷悠介など数える程度であろう）［釜野 二〇一三；神谷 二〇一七］。

ひとつの例として二〇一五年に東京都渋谷区議会にて成立した「渋谷区男女平等及び多様性を尊重する社会を推進する条例」をめぐる議論などが挙げられる。本条例は「パートナーシップ証明書」交付にあたって、婚姻届には不要な公正証書が必要とされ、その作成費用には一人あたり数万円がかかることが批判の一つとなった。またその際には渋谷区が二〇一四年の年末に、経済的・社会的弱者である野宿者が宿とし、炊き出しを得る場所として名高い区立公園をロックアウトしたことが引き合いに出された。厳寒の中、野宿者の食と住を奪う挙に出た過去のある渋谷区の条例が、社会的弱者へのエンパワメント目的だと理解するのは、あまりにも素朴すぎるとの意見が出された(1)。

この渋谷区の条例については、欧米にみられる「九〇年代末から今世紀末にかけての〈LGBT〉運動の、新自由主義的な社会経済体制に適合的」である「ニュー・ホモノーマティヴィティ」の潮流を享ける現象として捉えられてもいる。清水晶子は、この潮流において性的少数者の中でも〈LGBT〉が主流化され、それに伴って階層化が見られると指摘する。欧米の〈LGBT〉運動においてアジェンダ設定の主導権を握ってきたのは、しばしば白人の中・上流階級のゲイ男性であり、同性婚は経済階層の分断が内包されるアジェンダであると論じる［清水 二〇一七：一三五―一三六］。以上のような動向をふまえて、第三節では「性の多様性」を標榜しつつも、実際に注目されているのは多様な性のごく一部であることを示すとともに、制度化要求の流れには経済的利益との共犯関係が潜んでいることを確認していく。

そして清水の議論からは、主導権のない人々、すなわちニュー・ホモノーマティヴィティに与しない人々について考える必要が示唆される。当然これらの人々の中には新自由主義からこぼれ落ち、経済的不遇にある性的少数者がいると考えられる。華やかに映し出されるカップル関係の制度化の影に追いやられているこれらの人々への注目と、状況の改善こそがカップル関係の制度的保障以上に今必要とされるものではないだろうか。

本章ではこのような問題意識をもちつつ、主に社会運動・家族・経済といった三つの側面から歴史を辿る作業を通じて、「いま、わたしたちがどこにいるか」といった付置状況を示していきたい。この作業を通じて、ニュー・ホモノーマティヴィティに与しなかった人々のポジションを明確化していき、今後これらの人々を含めたわたしたち一人ひとりが性と生の自由をより獲得できる社会を目指すにあたっての連帯の可能性の模索をまとめに位置する「おわりに」を通じて試論的に行なう。

1 性的少数者の誕生と社会運動のはじまり

(1) 近代化と性科学、近代家族の登場

性的少数者とはいつ、どのようにして誕生したのだろうか。ひとつの手がかりとして、フーコーの著した『性の歴史』第一巻が挙げられるだろう。フーコーはここで近代の登場とそれに伴うセクシュアリティ領域の出現、これによって生じた諸問題を示している。

フーコーが「夫婦を単位とする家族というものが性現象を押収する。そして生殖の機能という真面目なことの中にそれをことごとく吸収してしまう。(中略) 夫婦が、正当にしてかつ子孫生産係りであるものとして君臨する」と述べたように、一組の異性の配偶者間において、生殖に結びつく行為のみが唯一の正当な性行為とされた。それ以外の性のありようは、当時興った学際的な学問領域である性科学によって執拗に分類化され、異常や病理、逸脱といった禁忌のコードを付され、制裁や治療、排除の対象となった。これが今日の性的少数者のルーツであるといえるだろう［フーコー 一九八六：一〇］。

むろん、それ以前においても性の側面からの排除は認められる。性科学の登場以前には宗教や道徳によって定められる性の規律や規則、そして因習や慣習があり、これらは時代や地域、階級ごとに、それぞれ異なっていた。性科学者は性のあり方についてさまざまな分類を行なったが、そのひとつとして同性愛を誕生させた。それ以前には同性愛というカテゴリーは存在せず、したがって同性愛者もまた存在しなかった。

前近代において職業は身分制度によって固定され、世襲であった。近代に起こった身分制度の解体

から人々は工業化が急速に進行する都市部への移住が可能になったのである。この時代の変化によって近代家族が誕生した。家族社会学者の落合恵美子によると、近代以前において（家族ではなく）「家」とは、公私の分離がなされておらず、家庭と経営は一体となったものであり、これが産業化の進行とともに分離していったという［落合 一九八九：一二］。

そしてこのドラスティックな変化は、実体としての同性愛者の登場をうながした。ジョン・デミリオは「資本主義とゲイアイデンティティ」で、アメリカにおいて「ゲイ男性とレズビアンの歴史的登場は資本主義的諸関係と結びついている」と論じている［デミリオ 一九九七：一四七］。

デミリオによれば、一七世紀の白人入植者たちは、家内経済を中心とした村を設立したという。この家内経済は落合のいう近代以前の「家」と重なる。デミリオは、「村は基本的に自給自足的で自立しており、家父長制的なものである家族を基本単位として作られて」いたとし、「男たち、女たち、子供たちは、家長の所有する土地を耕作し」、「男たちと女たちのあいだでの分業は成立していたにせよ、実際、家族は相互依存的な生産単位であった」と説明する［デミリオ 一九九七：一四八］。つまりその頃、人々は女であれ男であれ、家族単位でしか仕事や収入を得られず、家族からの離脱は生存の危機と結びついていたのである。

アメリカでは、工業化社会の到来によって一九世紀半ばまでに家内経済から資本主義の自由労働システムへと移行し、家族のつながりは生存よりも、感情的な紐帯が主要なものとなった。生存にかかわる資源は、家父長制家族から配分されるのではなく、家族の外での賃労働によって得た賃金から購入するものとなったのである［デミリオ 一九九七：一四九］。

デミリオはこの移行が「一部の男たちや女たちが同性への性愛的／情緒的関心をもとに個人生活を

つくりあげていくことを可能にする諸条件を創出した」と考える。そして「このことは都市部でのレズビアン／ゲイコミュニティの形成を、そしてより近年のものとしては、性的アイデンティティを基盤にした政治行動を可能にした」と説明する［デミリオ 一九九七：一四九］。

移行は女性よりも男性にまず大きな影響を及ぼし、レズビアンよりもゲイのほうが先にアイデンティティが顕在化したという。それは「資本主義が女たちよりも男たちを労働市場に引き入れ、相対的に高い賃金を与えてきたという事実によって生じた」からであり、「男たちはより容易に異性との愛情生活から独立した自らの個人生活を築くことができたのだが、一方女たちはいまだ男たちに経済的に依存し続けざるを得ないような状況におかれていた」からである［デミリオ 一九九七：一五二］。

つまり、今日わたしたちがとらえているセクシュアリティとそれにまつわる諸問題は、近代という大きな歴史的変化に伴って出現したものである。同性愛という言葉が生まれ、そしてそれを自らのアイデンティティとする状況の出現には、工業化社会・資本主義の進展とそれに伴う家族の近代化、さらには個人としての経済的自立といった諸条件として強力に働いていたこと、女性よりも男性のほうが賃金労働に従事しやすかったことが寄与しており、デミリオの議論からは同性愛という現象は社会や家族、経済と隔絶された異世界のものではなく、密接な関わりがあることを示唆している。

（2）同化主義的な社会運動の登場——ホモファイル運動

一方、性科学が一九世紀末に行なった様々な性のあり方の分類の中で、同性愛は自慰行為と双肩を成す二大害悪と規定されていた。そして同性愛は汚名返上を目的とする社会運動として明確に立ち上がった唯一のあり方だともいえる。

一九世紀の西欧で活躍した性科学者たちの中には、禁忌の評定を行う立場にありながらも同性愛者を擁護し同化させようという、マッチポンプの実践者がいた。カール・ハインリッヒ・ウルリヒスや、リヒャルト・クラフト＝エービング、マグヌス・ヒルシュフェルトらは、同性愛を排除や放逐せずに、法的保護や医療的治療、社会的庇護の対象とすることによって、包摂を目指し、同化を志向したのである。これが性的少数者に関する社会運動のルーツである［河口 二〇〇三］。

同化主義的な運動は二〇世紀に入りイギリスに渡り、ハヴェロック・エリスやエドワード・カーペンターらが担い、第二次世界大戦後にはアメリカに到達し、ホモファイル運動が展開された(2)。そして戦争は、同性愛に対して大きな影響や変化をもたらした。戦争は異性愛を自明とする家族から、同性集団である軍隊へと若い男性を、また軍需産業へと若い女性を引き離した。戦争はすでにレズビアン／ゲイだとアイデンティファイした者たちには出会いの機会を与えた。同時にアイデンティファイしていなかった者たちに対しては、家族からの一時的な自由をもたらし、性の可能性を模索させ、レズビアン／ゲイといったアイデンティティを獲得する機会を与えたのである［デミリオ 一九九七：一五二］。

アメリカで初めて設立された当事者団体であり、ホモファイル運動を推し進めた「マタシン協会」は、一九五一年の創設時、「同性愛＝マイノリティとする規定」という路線を打ち出していた。このような路線は、協会の創設メンバーがマルクス主義的な立場にあったことに由来する。河口和也によると、協会初期の論考においては、同性愛者は「支配的文化内部で囚われの身でありながら未だ『社会的少数派』であるという自覚をもたない集団」として捉えられていたという。そして協会の「政治的目的は、社会的抑圧とたたかっていけるように、同性愛者のあいだの集団的アイデンティティを醸成することにあった」という［河口 二〇〇三：九―一一］。

ところが第二次大戦後しばらくのアメリカといえば、ソ連をはじめとした共産主義国家と対立し、マッカーシズムが吹き荒れ共産主義者の追放が行われた時分である。協会に後から参加した者の中には、共産党とのつながりに不安を抱く者もおり、やがてマルクス主義的な方向性からの決別を主張する対立メンバーが組織の主導権を握るに至ったという。あらたに主導権を握ったメンバーは、酒井隆史によると「まず創設当初の同性愛＝マイノリティとする規定を放棄した。つまり彼らは同性愛者としての自らの存在を異性愛者とは本質的になにも異ならないと捉え、同性愛者への差別／排除は遅れた意識、偏見の問題に過ぎないと考えた」という［酒井 一九九六：一〇八］。そして「同性愛者は他の人たちと変わることなく、また医学、法律、教育などの分野の専門家と協力するほうがより生産的であると主張し、迎合路線を進むことを望」むという、同化主義路線を打ち出した［河口 二〇〇三］。

またこの「ホモファイル」運動という、運動の名称についても言及しておこう。この運動は同性愛、すなわち「ホモセクシュアル（homosexual）」ではなく、「ホモファイル（homophile）」とわざわざ名称を変えた上で展開されている。ホモファイルの“phile”とは「〜を愛する」という意味をもつ。ホモセクシュアルの“sexual”は性欲や行為としてのセックスを意味しているが、これをあえて置き換えたのである。すなわちホモファイル運動とは性的な側面を覆い隠した上での活動だったのだ。

この異性愛社会への同化主義的な論理と思考法は、それから六〇年近く経った「ＬＧＢＴ」を正当化する言説として、今日わたしたちが頻繁に目にするものとなんら変わりがないような印象を受ける。

マタシン協会におけるマルクス主義との決別は、権利獲得の観点から検討するとどの程度効果があったか評価が難しい。協会では同化主義が掲げられながらも、当時、同性愛者は「性的倒錯者」としてスケープゴート化され過酷な状況にあった。連邦政府や政府関連企業から追放の対象となり、個人生活は監視下に置かれ、酒類販売免許法を名目にバーの手入れが行われ、ソドミー法を根拠に公共の場で性行為の相手を探すゲイ男性が囮《おとり》捜査によって逮捕されるという状況が続いたのである［デミリオ 一九九七：一五二―一五三］。このような状況が熾烈化する中、「ストーンウォールの暴動」は起こった。

(3) 同化から対抗へ、そしてふたたび同化へ

「ストーンウォールの暴動」は、一九六九年にアメリカのニューヨークで、警察からの酒類販売免許法違反の嫌疑を名目とした手入れを機に起こり、規模の大きさから象徴的に扱われやすい。ここで注目すべきはこの暴動によって運動の方向性が同化主義的な迎合路線から再びマルクス主義的な抵抗路線に転回したことである。

「ストーンウォールの暴動」を機に新たに立ち上がった運動は、「ラディカル・ゲイ・リベレーション」と呼ばれた。ラディカル・ゲイ・リベレーションとホモファイル運動との相違点を、酒井は、「基本的に同性愛者のための運動に自らを限定し、しかも行動範囲を極めて制限していたホモファイル運動とは対称的に、暴動を転回点に開始された運動は、一九六〇年代のラディカリズムを背景に過去の運動の制約から自分自身を根本的に解放した」と説明する。そして暴動を機に結成されたゲイ解放戦線の方向性は「当時の様々なマイノリティの闘争と軌を一にするものであり、アメリカ合衆国――ひいては資本主義社会――の構造が、自らもその一員であるマイノリティ全体を現在の抑圧的地位に閉じ込めているとみなしたうえでその社会構造自体の総体的変革を指向するがゆえに、他のラディカルな政治集団との連帯をも同時に運動の目標とするものであった。実際、彼らは当初、精力的にベトナム反戦運動や黒人たちの権利闘争に積極的に参加して」いったという［酒井 一九九六：一〇九］。つまりラデ

ィカル・ゲイ・リベレーションは、当時の公民権運動や労働紛争、女性解放運動や性革命といった社会運動と視点を共有していたのである。

自らを「文化的マイノリティ」として位置づけたラディカル・ゲイ・リベレーションはマタシン協会創設時のマルクス主義的な視点もまた共有していたといえる。そしてマタシン協会はレズビアンに対して排他的であったが、ラディカル・ゲイ・リベレーションは他のマイノリティとの連帯も視野に入れていたことが特徴として挙げられる。だが、「七〇年代に入りラディカリズムの諸潮流あるいは雰囲気総体が後景化するなかで急速に衰退して」いき、その後「ゲイ・ライツ運動」が立ち現れた。

ゲイ・ライツ運動は、ラディカル・ゲイ・リベレーションとは対照的であり、「その活動のほとんどを同性愛に関連する問題に限定したシングルイシューの運動を展開」するなど、他との連帯よりも組織の形成と維持、そしてルールと秩序を重んじるものであった。さらに「ゲイ・リベレーションがシステム総体への批判的観点を保持していたとすれば、ゲイ・ライツ運動はこの点ではマタチーノ・ソサイエティの『同化主義』に近い方針をとっている。つまり、彼らにとっての少なくともまず第一の問題は、アメリカという社会構造そのものではなく、その構造内部における自らの不当な地位とその改善なのであり、何よりも彼らには、承認と社会における正当な場所、すなわち権利が必要なのである」と、酒井は両者の違いを指摘する［酒井 一九九六：一一〇］。

大雑把な小括であるが、歴史的にみると同性愛者における社会運動は、資本主義社会の発達によってアイデンティティの確立が促進され、確立は男性が先行していたといえる。そして運動の政治的な方向性としては、大きく分けて同化と抵抗という二つがある。同化においては自らが属する社会の規範や価値観に従いつつ、「本質的」には同一であることを主張の根底に据えて状況を改善しようとする試みが行なわれてきたといえるだろう。一方の抵抗においては、人々が対等であることを前提に、自らが属する社会の規範や価値観に異議を唱え既存の規範や価値観の変革を迫るものだといえる。運動の方向としては同化主義的な路線が趨勢となり、それはやがて関係の法的な認証・保障への要求へと向かっていく。

2 家族への道と「日々の社会的実験」

(1) 家族解体の主張から関係の法的保障へ

かつて家族と性的少数者は、水と油のような相容れぬ関係であった。

婚姻関係にある一組の異性カップルが子どもをもうけ、次世代を再生産することが「自然」とされるシステムから同性愛は逸脱し、システムの存続を脅かすものとなる。子が同性愛者であるということは、親にとってシステム存続の危機をもたらすとともに、存続への期待の裏切りとなる。近代家族では情緒的な絆が重要視されるが、絆の重みが増すほど、子にとって同性愛者であることは秘匿すべき事柄になりやすい。だからこそ長い間、家族の中でも親は同性愛者にとってカミングアウトが最も困難な対象であり続けた。つまり同性愛者にとって家族とは、呪縛であり桎梏《しっこく》であるともいえたのだ。

ジェフリー・ウィークスは、ラディカル・ゲイ・リベレーションが盛んであったころの一九六〇年代後半から七〇年代にかけて、レズビアン/ゲイがかつてないほどに公の場に姿を現し、肯定的な新しい語りを形成していったと述べている [Weeks 2000 : 213]。そしてこの新しい語りは、家族への否定を伴っていた。当時の「運動は、同性愛に敵対するものとして(異性愛)家族の解体を主張」していた。なぜならば、「家族の形態こそが同性愛を禁ずるように働く。いいかえれば家族とは同性愛のアイデンティティの否定」だからである［風間 二〇〇三：三五］。

だがこの主張は、ラディカリズムの後景化とともに減退していった。続くゲイ・ライツ運動の前景化とともに出現したのは、ウィークス曰く、「関係性パラダイム」とでもいうような言説であり、一九八〇年代前半に見られるようになった。この言説の出現は、レズビアン／ゲイ・コミュニティ概念の進展と強化が寄与しており、パートナーシップの権利や結婚、関係性、友情、親密な経験、同性愛者による育児などが伴っている。この時期から社会運動において、平等権を根拠に同性間のパートナーシップの権利や婚姻、養子縁組に関する法的認知を求めるようになったという。法的保障を求めるに至った当時の状況として、一九七〇年代におけるイギリスやアメリカでのレズビアンの出産ブームや、一九八〇年代のゲイ男性のエイズ禍がある。これらが複合的にあわさり法的保障の要求が湧き上がったと言われている［Weeks 2000; 風間 二〇〇三］。

（2）「日々の実験」のゆくえ

イギリスの社会学者アンソニー・ギデンズはかつて『親密性の変容』において、ジェンダーの平等が推進される今日では、「旧来の意味の」婚姻関係が姿を消し始めているという認識を示し、それゆえ対人関係は根本から見直される必要があると述べた。本著が世に出た当時はこれを見直すための「日々の社会的実験」が実施されている最中にあるという。そして今後の人々の関係性は、互いの利害が一致する限りにおいて結ばれるものになると見立て、これを「純粋な関係性」と名付けた［ギデンズ 一九九五：二一、二〇〇二］。

この「純粋な関係性」を考案するにあたって、ギデンズは同性愛者こそが先駆けとして「最も重要な日々の実験」を行なっているという認識を示している。なぜならば同性愛者たちはジェンダーが同一であり、「伝統的に確立された婚姻という枠組みをもたずに、相対的に対等な立場で相手と『折り合って暮らして』いかなければならなかった」からである。だからジェンダーの平等が推進される異性間の親密性の変容を考察のヒントになるとギデンズは考えた〔ギデンズ 一九九五：三二〕。

ところがこのようなギデンズの注目が今日でも適切かといえば、必ずしもそうとはいえない。それというのは、ギデンズが『親密性の変容』を著した時期は、ちょうど登録パートナーシップ法が北欧を中心に成立しはじめた時期と重なるからである（ちなみにデンマーク一九八九年、ノルウェー一九九三年、スウェーデン一九九四年である）。

その後、ギデンズのお膝元であるイギリスでは二〇〇五年に同性間のパートナーシップを保障するシヴィル・パートナーシップ法が施行され、二〇一四年には同性婚が施行されるに至った。さらにキリスト教圏の国々を中心に、同様の状況が見られるようになった。ギデンズが注目した「日々の実験」の先駆けとしての同性愛者の親密な関係性は、異性カップルが永遠の絆を固く誓う婚姻に重ね合わせることではない。純粋な関係性の理念を推し進めていった場合、カップル関係は固定性や永続性を求めるのではなく、自立した個々人の間で利害が一致する限りにおいて関係を保つことになる。それにもかかわらず、なぜ、あるいはどのようにしてカップル関係の法的保障ばかりが優先されていったのであろうか。もちろんレズビアンの出産ブームや、ゲイ男性のエイズ禍も関与していると考えられるだろう。ただこれら以外にもいくつか答えが考えられ、複数の答えが絡みあっているとも考えられる。

答えの候補のひとつとしては、「日々の実験」は性的指向性を問わず人々にとって苛烈な実験だということが考えられよう。これまで示してきたように同性愛者の社会運動の歴史は、対抗主義よりも同化主義が主流化している時期の方が長い。このような時間の流れの中で、同性愛者として生きていく人々の多くは対抗主義的な言説に触れることが少ない。そして対抗主義的な言説に共感したとしても異性愛規範に基づいた社会や制度に背を向けて実験を継続することの負担は大きい。その一方で異性愛規範に沿った生き方をする人々に、このような負担は求められない。思春期や青年期に性愛経験を積み、学卒後仕事に就き、結婚し、子を産み育て、やがては子どもが巣立っていき、といったレールが用意されているからである（もちろんレールに必ずしも乗れるといった確約はないものの）。そしてこのレールに乗ってしまえば、さまざまな問いかけや抵抗をせずに一生を終えることができる。

ところが異性愛規範から外れた生き方をする場合、「自分は何者なのか」という問いが突きつけられる。思春期や青年期には、自他共に性愛についての問いが頻繁に発せられる。「女らしい／男らしいふるまいとは」「誰を好きなのか」「どのような性的関心をもっているのか」等々。そしてやがて「自分はどう生きればよいのか」という問いに辿りつく。レールに乗っていればさして気にすることのないこれらの問いは、乗ることに違和を覚える者にとっては面倒な問いになりがちである。そしてレールに乗れない者にとってはこの時期こそが、性的少数者としてのアイデンティティを獲得する時期である。しかしながらレールに乗った人々がこの時期において性的多数者としてのアイデンティティを確立するかといえば、マジョリティはマジョリティであるがゆえにこのようなアイデンティティの獲得やそれにまつわるコストは不要となる場合が多い。

性的少数者だとアイデンティファイした人々は、多大なコストをかけながらレールがない生活を送ることになり、これこそが「日々の社会的実験」となっていたのである。

小倉康嗣はエイジングの観点からこのような状況について考察を行っている。「とくにゲイの場合、従来の婚姻と家族の物語に乗らないぶん、むきだしの性愛ゲーム（中略）が牽引役となってゲイシーンが開拓されてきた側面がある。しかし、その性愛ゲームの空間は『若さ』に価値を置いた市場になりがちであり、中年期以降をそのなかだけで生きていくのは難しい」と小倉は述べる。そして「社会の高齢化が進み、既存の人生の枠組みが無効化していくなかで」、ゲイのエイジングが抱える問題は、ゲイだけの問題ではなくすべての人に共有されうる問題だと提起する。

小倉はこの問題の中には重い二つの根本問題が内包されており、それは「誰と生きていくのか」という〈絆〉の問題と、「人生の目的をどう考え、何を信じて生きていくのか」という〈生の意味〉をめぐる問題であると指摘する。そしてこの問題を「従来の婚姻と家族の物語にとらわれずにつくりだしていけるか」といった視点から解き明かしていくのは容易ではない。小倉は「いま必要とされているのは、安易に答えを求めることではない。結論を急がずに、この現実のなかにじっと身を沈めながら、日々の『生きかたの実験』という経験を地道に重ねていくことである。可能性の中身は、わたしたちの試行錯誤経験の積み重ねのなかから、現在進行形で埋められていくしかないのだ」と論じる［小倉 二〇〇九：一七二―一八二］。小倉の議論は、ギデンズのアイデアを引き受け、さらに進展させていこうとするものである。そして小倉の提起する議論は、後期近代社会がまさに直面している問題を乗り越えようとする果敢で過酷な実験に、わたしたちを誘うものである。

筆者はギデンズや小倉の議論には強い共感を覚えつつも、現在進行している同性婚やパートナーシップ制度の拡大といった動向を捉えようとすると、現状は両者の議論とは異なった方向に向かっていると解釈している。とりわけギデンズが議論を興した当時は今日ほど情報化は進行しておらず、同性愛者たちは自らや周囲の人々の経験といった狭い範囲をモニタリングし、日々の社会的実験を積み重ねていったと考えられる。そしてレズビアンの出産ブームやゲイ男性のエイズ禍を経験した当事者の中には、それぞれが有する問題への対応を急ぐあまりに、「経験を地道に重ねる」機会を失ない、対症療法的にカップル関係の法的保障を喚び寄せた者もいたのではないかと考えられる。

ただ今日に至るまでの日本の動向を考えてみると、近年レズビアン・カップルの妊活の兆候が見えるものの、ゲイ男性のエイズ禍については大きな問題化が見られない（後者についてはエイズの慢性疾患化が関与しているとも考えられる）。それにもかかわらず、同性婚や同性パートナーシップ制度が要求されるのは、セクシュアリティやジェンダーのグローバル化があると考えられる。ここでいうグローバル化とは、ギデンズがいうところの「私たちがすべて、ますます『ひとつの世界』を生きるようになり、その結果、個人や集団、国が《相互依存》の度合いを高めるという事実」である［ギデンズ 二〇〇九：六三］。グローバル化はインターネットなどの情報テクノロジーの発達や世界経済の統合、政治的変動等々によって進展したものだが、セクシュアリティやジェンダーにおいてもまた「ひとつの世界」を生きるようになったことが理由として挙げられるだろう。つまり同性婚や同性パートナーシップ制度の要求は、もともとは欧米に生きるレズビアン／ゲイたちの中で必要とされる経験があったからこそ行われたのだが、グローバル化によって地球規模といった広い範囲でのモニタリングが可能となり、同じ経験がなくとも類似の経験を探し、アプロプリエイト可能だと判断した上で要求するようになったと考えられる。

以上のような流れが趨勢となっている現在、かつてのラディカルな運動が発信した「家族とは同性愛のアイデンティティの否定」であり、それゆえ「家族の解体」をとの主張はもはや風前の灯となっているようにうかがわれる。

3 「性の多様性」の欺瞞 ◉ 欲望とラディカリズムの忘却

(1)ラディカルさとの距離――「性の多様性」の欺瞞

「自分にとってはＳＭがとても大事なので、普通のレズビアンと孤島に流されるよりはマゾヒストの男と置き去りにされたほうがましだ」と宣言したのは、当時ＳＭダイクであったパット・カリフィアである（「ダイク」とはレズビアンを意味するスラングである）［カリフィア 一九九八：一三］。

このカリフィアの宣言は、これまで言及してきた同性カップルの制度化要求とはまったくパラダイムが異なっている。同性カップルの制度化要求をあたりまえのものとして捉えた場合、カリフィアの主張は混乱をもたらすだろう。たとえば、「レズビアンであるならば、『当然』孤島に同伴するときに選択するのは女性であろう。なぜ男性なのだろうか。そもそもＳＭというのはどういうことなのだろうか。それは愛ではないだろう」などといった混乱である。

第一節の（1）で示した性科学は、婚姻関係にある男女間の生殖に結びつく性行為のみを正当なものと定めると同時に不当とする性に関するさまざまな分類を行なった。同性愛のみならず露出狂、呪物崇拝症、動物愛好症、対動物色情狂、自己・単独性欲症、視姦愛好症、女性化症、老人愛好症、性美学的倒錯者、冷感症の女性等々の数多の分類がそれである。簡潔にいえば、唯一正当化された性行為以外はすべて禁忌なのである。それにもかかわらず、禁忌の諸分類は等価とされず階層化が行われている。カリフィア曰くこの宣言は大いに非難や中傷を呼び起こしたとのことであるが、それはとりもなおさずSMよりもレズビアンのほうが階層が上であり、それよりも下の階層にあるSMのために男性を孤島に連れていくのけもっての外であるといった意味が込められている［カリフィア 一九九八］。

性の階層については、ゲイル・ルービンが一九八二年に「性を考える」において論じている（翻訳は一九九七年）。わたしたちの社会は今日もなお、この階層を温存させている。レズビアンやゲイ男性については「性的指向」とし、先述のSMやスカトロなどについては「性的嗜好」とした上で、レズビアン／ゲイ男性の権利を主張する傍らで、SM等の権利についてはまったく言及しないような状況が見られるがこれはまさにそれに該当する。また「マイノリティの中のマイノリティ」などといわれるように、レズビアンでありSMを実践するカリフィアのような存在や、日本においては障碍をもつ性的マイノリティや在日外国人の性的マイノリティ等々に目を向けていないといった議論もこれに相応する。

ルービンは、正当な性行為が「ピラミッドの頂点に君臨する」と示し、続いて「カップルではあるが結婚していない異性愛者がその下に陣取り」、「その後に他のほとんどの異性愛者が続く」と階層の見取り図を述べる。さらに「長期間続いているレズビアンやゲイのカップルは尊敬に値されるようになっているが、バーに通うようなレズビアンや乱交好きのゲイはピラミッドの最底辺にある集団の少し上あたりをうろうろしている」とし、「最も軽蔑される性的なカーストは、今のところトランスセクシュアル、トランスヴェスタイト、フェティシスト、サド・マゾキスト、売春婦やポルノのモデルなどのセックス・ワーカーであり、その中でもとりわけ低い位置にあるのが、性的な結びつきにより世代間の境界を侵犯するような人々とされている」という。

続いてルービンは、これらの階層によって社会から得られる恩恵が異なることを示す。

このヒエラルキーの中でその行動が高い位置にあるような人たちには、メンタルヘルスの保証や尊敬、合法性、社会的、および物理的移動、制度的支援、物質的な恩恵などが与えられている。序列の中で性的行動あるいは仕事のランクが下がっていくにしたがって、それらの行動や仕事を行なう人は精神病、不敬、犯罪、社会的および物理的移動の制限、制度的支援の喪失、経済的制裁に服従することになる。［ルービン 一九九七：一〇五―一〇六］

日本では少し気の利いた企業や行政、学校などの組織では、「ダイバーシティ」、つまり多様性の推進をアピールしている。たとえば企業におけるダイバーシティ戦略とは、人種や性別、年齢、障碍、宗教等々、さまざまな属性をもつ人々を差別せず、場合によっては積極的に採用・活用し、それを企業活動に役立てようとするものである。そしてこの中に性的指向性や性同一性も含まれている。ダイバーシティの観点から行なう人材活用は、無論、アファーマティヴ・アクションの意味も読み取れるが、資本主義社会の中にある組織であるから多様な人材のそれぞれがもつ経験や視点を企業活動の中で活かしてもらい、これを通じてのさらなる収益の増大が目的である。さらに組織が「ダイバーシティ」を掲げるとき、それは単に収益の増大を図るだけではなく、企業のイメージアップといった恩恵を見込むことが可能になる。「ダイバーシティ」を掲げ、これを推進することは組織の価値を高めることに繋がるのだ。

ところが性の「ダイバーシティ」に関していえば、おなじみの「ＬＧＢＴ」か、これにいくつかアルファベットを付け足した程度に留まってしまっている。たとえばルービンが示したフェティッシュな欲望やＳＭ愛好者はここに含まれないし、フーコーが示したような性科学によるさまざまな欲望の諸分類も含まれない。多様性を標榜しつつも実際には暗黙の線引きが行われており、その線引きに疑いが挟まれることは基本的にはない。さらに「性の多様性」が標榜されているにもかかわらず、そこでは性的欲望や性行為については、まず言及されないことも重要である。このような実態は「ダイバーシティ」を標榜する組織において見られるだけではなく、「ＬＧＢＴ」の呼称を用いて企業とやりとりする当事者においても見られる。これはかつてマタシン協会がホモセクシュアルという言葉を退け、ホモファイルという言葉を造り出し、これを掲げて異性愛主義社会の中に入り込んでいこうとした姿とどこか重なって見える。以上のような現在進行している「性の多様性」のあり方は、多様な性のあり方の一部を抜き取り、さらに性欲や性行為といった要素を漂白し、「ダイバーシティ」や「ＬＧＢＴ」という記号を弄んで自らの利益に役立てようとする組織と一部の当事者の応酬にしかすぎないのではないかとの疑いさえもたげてくる。またこのような「性の多様性」の看板を掲げた動きは、ルービンが示した性の階層の下位に据えられた性のあり方に対しては、差別の是正にも地位の回復にも寄与しない。具体例を示すならば、面接の場でレズビアンが「老後は同性パートナーと山奥でのんびりと生活したいです」という発言が受け入れられる組織で「老後はマゾヒストの男と山奥でのんびりとプレイを楽しみたいです」という発言は受け入れられるのかという話である。

よって「ダイバーシティ」や「ＬＧＢＴ」といった看板は、あまたある多様な性のあり方の一部に対してのみ手を伸ばして、利益を呼び寄せようとする動きだともいえるだろう。「それでもマシになった、改善された」という声があるならば、それはもちろん否定できない。しかしながらそこからこぼれ落ちた人々にとっては、まったく役に立たない取り組みにしか過ぎないし、このような利益誘導は「はじめに」で言及したような渋谷区の「渋谷区男女平等及び多様性を尊重する社会を推進する条例」

を成立させた一方で野宿者への排除を行なった経緯とオーバーラップするようにも見える。

（2）「性の多様性」と性の欲望の不可視化

だが性の欲望が漂白されていくありようは、実はそれほど新しいことではない。

赤川学は、「私たちの見込みでは、七〇年代以降あらゆる性の領域において、この『親密性パラダイム』が『性欲のエコノミー秩序』に対して優越化するという事態が見られるように思われる」と、言説分析を通じて見解を示す［赤川 一九九九：三七五―三七六］。これは主に日本のオナニー言説に注目しての見解だが、赤川はこの見解を示す際に同性愛言説にも言及している。そしてこの傾向は日本に限定されない。これまで述べたようにほぼ同時期に、英米においても同様の事態が見られるからである。とはいえ、英米と日本を同一視するのは早計である。

社会運動といった観点からみると、日本における同性愛者のそれはアメリカなどとは大いに異なるといえる。これは、先述のレズビアンの出産ラッシュやゲイ男性のエイズ渦に加えて、日本での同性愛者への差別や抑圧が大きな事件として取り扱われた際に、ストーンウォールの暴動のように物理的な暴力や破壊の応酬を伴っていない点からも指摘できる。

日本における同性愛者の歴史は欧米と大きく変わらない。明治初期には近代化による性科学の流入とともに「同性愛」といった訳語が成立し現在に至る。この間この言葉と人々がどのように向かいあってきたか、内面化の際の苦悩や葛藤、そして関係のあり方などについては、刻々と研究が蓄積されつつあり、豊かな成果となりつつある（たとえば、［古川 一九九四；肥留間 二〇〇三；矢島編著 二〇〇六；杉浦 二〇〇八、二〇一五、二〇一七；赤枝 二〇一一；小山・赤枝・今田編 二〇一四；前川 二〇一七］など）。

また社会運動の歴史を辿ろうとすると、ストーンウォールの暴動のような大きな事件はない。事件を挙げるとするならば、制度側との抗争として「動くゲイとレズビアンの会（アカー）（現NPO法人アカー（OCCUR））」が一九九〇年に東京都の施設、府中青年の家の利用にあたって遭遇した事件、いわゆる「府中青年の家事件」くらいではないだろうか。[3] この事件は極めて悪質な差別的言辞が利用者から行使され、施設管理者から人権を踏みにじる対応が行なわれたとはいえ、当事者からの物理的な暴力や破壊をまったく伴っていない（ただ日本においての物理的な暴力による「被害」については、アメリカほどではないが無論ある）。[4] またこれまで述べてきたように同性婚や同性パートナーシップ制度を求める声は高まってきているが、これは性的な欲望や性行為の自由を主張するというよりも、第二節の（2）で言及したように、異性愛主義的な家族（生活）をアプロプリエイトするための権利保障を要求しているに過ぎない。

このようにふりかえってみると、日本の性的少数者の歴史や社会運動は、アイデアやきっかけは外来的なものであるものの、その後独自の展開を見せるといった、きわめてグローカルなものであり続けている。同時に、これまで行なわれてきた人権回復や同性カップル関係への制度保障への要求は、前項で示したように性行為や性の欲望を後景化し、不可視化することによって達成が目論まれているといった解釈が可能である点も確認しておかなくてはならないだろう。これによって、「LGBT」とその後付け足されたいくつかのアルファベット以外の性の多様なあり方、つまりカリフィアのようなSMダイクやフェティシスト、セックス・ワーカー等々、枚挙にいとまのないさまざまな性のあり方は後景化され、結果的に排除が続いている。

おわりに ◉ 連帯の不可能性と模索

二〇一二年七月一四日号として、経済誌『週刊東洋経済』と『週刊ダイヤモンド』は同日にLGBT市場に関する特集号を発行した〔週刊東洋経済 二〇一二；週刊ダイヤモンド 二〇一二〕。『週刊ダイヤモンド』の特集タイトル「国内市場5・7兆円「LGBT市場」を攻略せよ」から読み取れるように、性的少数者を消費者として見立てたとき、そこに巨大な市場があると煽ったのであった。また同誌の「10の事例から将来像を読み解く　日本におけるLGBT最新事情」では、日本IBMやシスコ、ゴールドマン・サックスを始めとしたグローバル企業の採用活動や労働環境が取り上げられている。いうまでもなく、これらの企業で働くことは「エリート」であり、高所得者となることである。そして家族を形成せず、子をもたないであろうこれらの人々は可処分所得が多く、顧客となれば高い収益が期待できるというのがその筋書きである。少し考えてみればすぐに気づくことだが、「LGBT」なる人々がすべからくグローバル企業に勤務し、高所得であるはずはない。

河口和也は、一九九五年から九六年にかけて「〈新宿二丁目〉で売春をして生計を立てている〈ストリート・ユース〉」の調査研究を行なっているが、現在もなおセックスワークで生計を立てているゲイ男性は存在する〔河口 一九九九〕。そもそもこのような「エリート」で高所得者という立場に身をおけるのは、性的指向性に関係なく一握りの人間にしかすぎない。そしてマサキチトセが指摘しているように、LGBT運動、同性婚推進運動と保守主義、資本主義の親和性は高いが、ここからはじき出された人々についての言及は、当然のように二誌には見られない〔マサキ 二〇一五〕。

すなわち、今日スポットライトを浴びているのは性的少数者のうちの一部である「ＬＧＢＴ」であり、さらに「ＬＧＢＴ」の中でも一部に限定されており、照らし出されない人々の方が多くいると考えられ、その人々の中には格差社会で貧困に喘ぎ苦しむ性的少数者もいると考えるのは容易である。

性的少数者における貧困の問題は、ジェンダー格差によるレズビアンの低収入やトランスジェンダーの就業困難等、これまでも何度となくそして継続的に当事者から言及されてきたが、近年のＬＧＢＴ市場への注目とともにさらに明確化と問題解決を求める声や運動が展開されつつある。たとえば関東圏では二〇一〇年には「これまでの既存の社会資源や支援体制の中では、十分な支援や救済を受ける事が出来なかった当事者に深く関わり、必要なサポートを行うことで当事者の社会参画・復帰に寄与することを目的」とする非営利活動市民社会団体「ｎｏｌｂ」が発足した（http://nolb.jimdo.com）。また二〇一三年には、「貧困とクィアの問題を切り離して考えるのではなく、互いに重なり合う問題群であるとの認識のもと、『人々を貧困に追いやる社会構造に反対』し、『経済的に大変な思いをしている人たちの生活を少しでもマシにする』ために」、「貧困をなくすためのＱｕｅｅｒの会」が立ち上げられた（https://hinq.wordpress.com）。さら二〇一八年には「ＬＧＢＴハウジングファーストを考える会・東京」が発足し、住まいを失った当事者の一時的な生活空間を提供するなど、年々活動は拡がっており、関東圏以外にもこれらに近い活動が展開されている（https://lgbthf.tokyo/）。これらの団体と「エリート」層の「ＬＧＢＴ」との接近は、二〇二二年の現時点ではそれほど見られない。

「性的少数者は一枚岩ではない」といった声を耳にしてひさしくもあるが、本章で示してきたのはこれの歴史的概観であると同時に分断と連帯の困難さである。

異性愛規範への同化か対抗かといった観点から整理することは、性的少数者の抱える諸問題を単純化してしまうリスクはあり、実態レベルでは複雑に絡み合っているものの、大雑把ではあるが歴史的に見ると同化を目指す流れが趨勢であり、対抗は徒花のようにも見える。このことは異性愛規範の強大さや強固さを物語っているといえる。

そして社会運動において連帯は重要な要素のひとつと考えられるが、今日に至ってもなお確認できる同化と対抗のせめぎあいが解消し、ともに手を取りあって連帯して性的少数者をめぐるさまざまな問題を改善・解決することは可能なのだろうか。筆者には現時点では困難なように見える。

「エリート」層の「LGBT」が提示している諸問題は、性的少数者が有してきた既存の問題を孕みつつ徐々に「エリート」層ゆえの問題と転化してきており、貧困に喘ぐ性的少数者との問題共有が脆弱になってしまっているように感じられる。貧困にあえぐ性的少数者が抱える問題に立ち向かおうとする際に連帯すべきなのは、「エリート」層の「LGBT」以上に、別のところにあるのではないだろうか。それはたとえば非性的少数者の貧困層であるといったように。

二〇一五年に行われた国勢調査の結果から、生涯未婚率について男性二三・四％、女性一四・一％という数値が示された。また国立社会保障・人口問題研究所によって実施された、第一五回出生動向基本調査の結果概要によれば、「いずれは結婚しようと考える未婚者の割合は、いぜんとして高い水準にあり、一八〜三四歳の男性では八五・七％、同女性では八九・三％である」という。だが、「一年以内に結婚するとしたら何か障害になることはあるか」との質問に対しては、結婚資金が最も多くあげられ、結婚する意思は高いものの就業状況や経済力によって実現が困難な人々の存在が明確化された。

こういった結果は、婚姻制度の特権をうけられる異性愛者だけに見られるもののようにも見えるが、同性カップルの制度的保障が確立されても、あるいは仮に現在同性婚が可能であったとしても、同性愛者からも同様の結果が得られるだろうという予測は容易である。だとするならば、貧困からの離脱は性的指向性に関係なく共有できる課題だと設定できる。

とはいえ、貧困からの離脱目的は、結婚への障害の解消に設定されてはならない。性の自由、生の自由の実現に寄与する土台として設定されるべきである。そもそも結婚の意思があるかないか、できるかできないかによって社会から受けられる恩恵が異なるといった状況こそが、人々の自由を狭めるのだと考えたときに求められるのは、ひとりでも生きていける社会制度であり、社会保障となる。

註

（1）その後二〇一五年九月二五日に世田谷区から「世田谷区パートナーシップの宣誓の取扱いに関する要綱」が出された。世田谷区の要綱は渋谷区と同様の印象を受けやすいが、公正証書が不要とされている点をはじめ、認証を得るための経済条件は、渋谷区に較べ緩和されたとも捉えられる。またこれ以降、東京以外でも三重県伊賀市（二〇一六年四月）、兵庫県宝塚市（二〇一六年六月）、沖縄県那覇市（二〇一六年七月）、北海道札幌市（二〇一七年六月）といくつかの地方自治体で類似の認証が行われるようになった。自治体レベルでの認証は、二〇二一年一〇月現在、一三〇自治体となり、今後も増加が見込まれる。認証が行われるようになった当初の地方自治体にほぼ共通するのは、同一の都道府県内でも比較的生活コストが大きいことや、都市の有する匿名性を獲得しやすいことだと考えられる。ここから性的少数者の居住に対する地域間格差を指摘可能であるが、これについては稿を改めたい。

（2）これらの経緯の詳細については、河口が示しているので参照されたい［河口 二〇〇三：一一一六］。

（3）ちなみに、「動くゲイとレズビアンの会（アカー）」は、「ＩＧＡ（International Gay Association）日本」という、ゲイのための国際的な組織の日本支部から分離した団体である（ＩＧＡについては、現在、略称としては「ＩＬＧＡ」となっているが、組織名は「International lesbian, gay, bisexual, trans and intersex association」になっている。

（4）とはいえ暴力や破壊を伴っている事件が皆無であるかといえばそうではない。たとえば東京都江東区にある新木場緑道公園にて二〇〇〇年に起こった殺人事件は、ゲイバッシングに基づくヘイトクライムだと認識されている。この事件は、夜間公園内にいた男性がゲイだと見なされて数人の若者から暴力を受け現金を強奪され死に至ったという事件である。また表に現われない暴力も多くあると考えられている。これは被害者が被害を申し立てる際にカミングアウトを伴うことを予期し、泣き寝入りするといった状況が想定されるからである。

参考文献

赤枝香奈子［二〇一一］『近代日本における女同士の親密な関係』角川学芸出版。

赤川学［一九九九］『セクシュアリティの歴史社会学』勁草書房。

岩井弘融［一九七四］「異常性行動」、那須宗一・岩井弘融・大橋薫・大藪寿一編、『〈都市病理講座〉一　都市行動の病理』誠信書房。

上野千鶴子［一九九六］「序文」、ウィークス、ジェフリー『セクシュアリティ』上野千鶴子監訳、河出書房新社。

小倉康嗣［二〇〇九］「「ゲイのエイジング」というフィールドの問いかけ――〈生き方を実験しあう共同性〉へ」関修・志田哲之編、『挑発するセクシュアリティ――法・社会・思想へのアプローチ』新泉社。

落合恵美子［一九八九］『近代家族とフェミニズム』勁草書房。

風間孝［二〇〇三］「同性婚のポリティクス」『家族社会学研究』一四（二）。日本家族社会学会、三二―四二。

釜野さおり［二〇一三］「性的指向は収入に関係しているのか――米国の研究動向のレビューと日本における研究の提案」『論叢クィア』Vol.5、クィア学会、六三―八一。

神谷悠介［二〇一七］『ゲイカップルのワークライフバランス――男性同性愛者のパートナー関係・親密性・生

活』新曜社。

カリフィア、パット［一九九八］『パブリック・セックス——挑発するラディカルな性』東玲子訳、青土社。

河口和也［一九九九］「エイズ時代における『同性愛嫌悪（ホモフォビア）』——「ゲイ・ストリート・ユース」の事例を通して」『解放社会学研究』一三、日本解放社会学会、二七—五二。

——［二〇〇三］『思考のフロンティア　クィア・スタディーズ』岩波書店。

ギデンズ、アンソニー［一九九五］『親密性の変容——近代社会、愛情、エロティシズム』松尾精文・松川昭子訳、而立書房。

——［二〇〇九］『社会学　第五版』松尾精文ら訳、而立書房。

小山静子・赤枝香奈子・今田絵里香編［二〇一四］『変容する親密圏／公共圏八　セクシュアリティの戦後史』京都大学学術出版会。

酒井隆史［一九九六］「性的指向性とアイデンティティ——アメリカ合衆国におけるゲイ運動の展開への考察」『社会学年誌』三七、一〇五—一一八。

志田哲之［二〇〇九］「同性婚批判」『挑発するセクシュアリティ——法・社会・思想へのアプローチ』関修・志田哲之編、新泉社。

清水晶子［二〇一七］「ダイバーシティから権利保障へ——トランプ以降の米国と「ＬＧＢＴブーム」の日本」『世界』八九五、岩波書店、一三四—一四三。

週刊ダイヤモンド［二〇一二］「国内市場５・７兆円「ＬＧＢＴ市場」を攻略せよ」『週刊ダイヤモンド』二〇一二年七月一四日号（電子版）。

週刊東洋経済［二〇一二］「知られざる巨大市場・日本のＬＧＢＴ」『週刊東洋経済』二〇一二年七月一四日号（電子版）。

杉浦郁子［二〇〇八］「日本におけるレズビアン・フェミニズムの活動——一九七〇年代後半の黎明期における」『ジェンダー研究』一一、一四三—一七〇。

——［二〇一五］「「女性同性愛」言説をめぐる歴史的研究の展開と課題」『和光大学現代人間学部紀要』八、

七―二六。

――［二〇一七］「日本におけるレズビアン・ミニコミ誌の言説分析――一九七〇年代から一九八〇年代前半まで」『和光大学現代人間学部紀要』一〇、一五九―一七八。

デミリオ、ジョン［一九九七］「資本主義とゲイ・アイデンティティ」風間孝訳『現代思想』二五（九）、青土社、一四五―一五八。

肥留間由紀子［二〇〇三］「近代日本における女性同性愛の「発見」」『解放社会学研究』一七、日本解放社会学会、九―三二。

フーコー、ミッシェル［一九八六］『性の歴史Ｉ』渡辺守章訳、新潮社。

古川誠［一九九四］「セクシュアリティの変容――近代日本の同性愛をめぐる三つのコード」『日米女性ジャーナル』一七、日米女性情報センター、二九―五五。

堀江有里［二〇〇九］「同姓婚・戸籍制度・天皇制をめぐる〈断想〉」『インパクション』一七〇、インパクト出版会、三四―三七。

――［二〇一〇］「同性間の〈婚姻〉に関する批判的考察――日本の社会制度の文脈から」『社会システム研究』二一、三七―五七。

前川直哉［二〇一七］『〈男性同性愛者〉の社会史』、作品社。

マサキチトセ［二〇一五］「排除と忘却に支えられたグロテスクな世間体政治としての米国主流「ＬＧＢＴ」運動と同性婚推進運動の欺瞞」『現代思想』四三（一六）青土社、七五―八五。

矢島正見編著［二〇〇六］『戦後日本女装・同性愛研究　中央大学社会科学研究所叢書一六』中央大学出版部。

山田昌弘［二〇〇〇］「結婚の現在的意味」『シリーズ〈家族はいま…〉①　結婚とパートナー関係――問い直される夫婦』善積京子編、ミネルヴァ書房。

ルービン、ゲイル［一九九七］「性を考える　セクシュアリティの政治に関するラディカルな理論のための覚書」河口和也訳『現代思想』二五（六）青土社、九四―一四四。

Weeks, J. [2000] *Making Sexual History*, Polity Press.

（インターネット・リソース）
「クライシスサポートセンター　ＮＯＬＢ」ホームページ、http://nolb.jimdo.com（二〇一七年一〇月三一日最終閲覧）
「貧困をなくすためのＱｕｅｅｒの会」ホームページ、https://hinq.wordpress.com（二〇一七年一〇月三一日最終閲覧）
国立社会保障・人口問題研究所「第一五回出生動向基本調査（結婚と出産に関する全国調査）」http://www.ipss.go.jp/ps-doukou/j/doukou15/NFS15_report3.pdf（二〇一七年一〇月三一日最終閲覧）
「ＬＧＢＴハウジングファーストを考える会・東京」ホームページ、https://lgbthf.tokyo/（二〇二〇年六月三〇日最終閲覧）
内閣府「平成二九年版　少子化社会対策白書（概要〈ＨＴＭＬ形式〉）」http://www8.cao.go.jp/shoushi/shoushika/whitepaper/measures/w-2017/29webgaiyoh/html/gb1_s1-1.html（二〇一七年一〇月三一日最終閲覧）

Column

セックスワークとクィア

宮田りりぃ

「セックスワーク」という言葉は、性風俗における性的サービスの提供を労働として捉える意味合いで使います。そして、そこには労働者としての権利を獲得することによって、セックスワーカーたちがより健康・安全に働ける状況を作っていこうという思想が反映されています。

（SWASH編、二〇一八、「はじめに」『セックスワーク・スタディーズ』、p.1）

近年、LGBTブームを背景に、多様な性を生きる人々の就労に関する取り組みがよりいっそう進められるようになった。たとえば、二〇一八年から大阪府の就業支援施設OSAKAしごとフィールドでは、性的マイノリティの就労に関する意見交換等のための場所「LGBTsコミュニティスペース for Work」が毎月開催されている。だが、こうした多様な性のあり方に配慮した場所においてさえ、私は望ましくないまなざしを気にしてしまい、セックスワークについて話すことが難しい。本稿では、このようにいまだ差別や偏見にさらされやすいセックスワークという仕事に焦点化して、私自身のセックスワークや支援活動の経験を振り返ってみたい。

1 セックスワークをはじめた頃

私がニューハーフ（元「男」であることを売りに飲食業や性風俗産業等に従事するトランス女性）としてセックスワークをはじめたのは、女装するようになって間もない二〇代前半頃だった。当初は、「ニューハーフ業界なら女装姿で働けるだろう」と安易に考えていたが、歌や踊り、話術といった職能をもたず、また容姿も含めすべてに自信がなかった私にとって、唯一開かれているように見えたのがリクルートの中で初心者歓迎をうたっていたニューハーフ専門の性風俗店だった。入店してからは、周囲から女性として扱われ嬉しいと思った一方、「女装だけじゃなく売春までしちゃってどうしよう……」と恥や罪悪感のような気持ちも見えるようになった。とりわけ、私は性風俗業界に向けられる望ましくないまなざしを気にして、自分の仕事やその悩みについて親や友人といった身近な人たちにさえ隠し続けた。

2 コミュニティに対する親しみと隔たり

こうして、自身もまた「望ましくない仕事」と思いながらも、他に女装姿でできる仕事の当てはなくセックスワークを続けるしかなかった私だったが、過去に経験した他の仕事と同じように挨拶や時間、接客態度、成果等に厳しいその仕事を続ける中で、次第に責任感ややりがいを覚えるようになり、自身の中の偏見や差別意識を少しずつ改めていった。また、そうした意識変容において特に重要な契機となったのは、知人の紹介で参加した性の健康に関するイベントにおける、セックスワークという言葉やＳＷＡＳＨ（セックスワーカーの健康と安全のために活動するグループ）との出会いだった。それまで、たとえば性風俗店で働く同僚たちにＨＩＶ／ＡＩＤＳ予防や労働者の権利について相談したいと思ってもあまり関心がない様子だったし、ＧＩＤ（性同一性障害）に関する自助グループではセックスについて話しづらい雰囲気があった。同じ当事者性を持つという点で、これらのコミュニティに対しては親しみや安心感を覚えるところはあったけれど、先述のように問題関心が異なることもあり、隔たりを覚えることの方が多かった。それだけに、対価を得る性的サービスの提供をセックスワークと呼び仕事として位置づけ、健康かつ安全に働くためには何が必要なのかを議論するＳＷＡＳＨとの出会いはインパクトがあり、間もなく私もその活動に参加したいと考えるようになった。

その後、現在に至るまで一〇年以上、私はＳＷＡＳＨの一員としてイベントや講演、調査研究等に携わってきた。セックスワークは感情的にも肉体的にも重労働だし、社会保障や健康かつ安全に働くためのサポートは脆弱で、一般的に思われている以上に長く続けることやたくさん稼ぐことは難しい。また、周囲からの望ましくないまなざしを回避しようと職業を隠すことでトラブルに直面しても誰にも相談できなかったり、客前で裸になることで身体的特徴に関するデリカシーがない態度にさらされたりといった状況にも置かれやすい。そのため、私自身はセックスワークという仕事がそれなりに自分に合うと思っているけれど、これが素晴らしい仕事だとは思わないし、誰かにこの仕事をお勧めしたいとも思わない。それでは、なぜ一〇年以上もこの仕事にこだわって支援活動に携わってきたのかと言うと、「今なおセックスワークしている人たちが存在するから」ということに尽きると思う。セックスワークは望ましいか否かに関わらず、それを職業にして生活している人たちがすでに存在する以上、その人たちがよりいっそう健康かつ安全に働ける状況にしていく必要があると考えている。そして、その目的を共有しながら議論を重ねたり取り組みを進めたりできるグループがＳＷＡＳＨだった。

しかしながら、その活動においてさえも、私は少なからず隔たりを覚えることがある。それは、「セックスワーカーの大半はシス（トランスジェンダーではない）女性なのに、トランス女性の私が出しゃばっていいのだろうか？」という後ろめたさである。ただし、最近ではこうした後ろめたさを少しずつ肯定的に捉えることができるようになってきた。たしかに、セックスワーカーの大半はシス女性であり、それゆえこれまで中心化されやすかったのはシス女性のセックスワーカーが直面する課題だったが、だからといってそれ以外のセックスワーカーが直面する課題をないがしろにして良いというわけではない。セックスワーカーの権利は人権であり、人権には優先順位をつけることができないのだから、トランス女性のようによりいっそう周縁化されやすいセックスワーカーの課題を取り上げることもまた重要であろう。私が覚える後ろめたさは、こうしたセックスワーカー内の差異や不平等について考えるために、避けては通れないものかもしれないと思うようになったのである。

3 最後に

本稿は、「セックスワークとクィア」というテーマで自身の経験や活動において感じたり考えたりしたことを書いて欲しいと依頼を受けて執筆することになったが、実際に書き始めるとセックスワークとクィアをどうつなげればいいか分からず、すぐに筆が止まってしまった。というのも、かつて難解な概念だと思っていたクィアは、今やＬＧＢＴと同じような意味合いで使われることもあり、自分の中で何にでも使えるマジックタームと化していたからだ。そこで、クィアに関する書籍をいくつか読み返しながら、連帯と差異に注意を向けることこそクィアという視点のポイントだと改めて考え、コミュニティに対する親しみと隔たりという観点からセックスワークに関する自身の経験を振り返ることにした。そして、このコラムをほぼ書き終えた今、すっぽりと収まるコミュニティが見つからずにいくつものコミュニティに出入りしながら活動を続けたり、そうした中でそもそも収まることすら難しい人たちの存在に気づいたりしたことを思い返し、それはクィアを地で行くような学びの日々だったのだということに気づくことができた。

今回、このような貴重な気づきを得る機会を与えていただいたことに謝意を表する。それでは、次のスローガンを記して筆を置きたい。

「セックスワークはお仕事です」。

参考文献

SWASH編［二〇一八］『セックスワーク・スタディーズ』日本評論社。

第五章

結婚制度の政治性と同性婚

同性婚によって正当化される結婚制度

菊地夏野

はじめに

近年日本において、いわゆる「LGBT」と総称される性的マイノリティについて社会的位置づけが変化している。とりわけ、二〇一五年三月に東京都渋谷区で可決された条例は同性カップルに証明書を発行することを含み、大きな話題になった。その後全国各地の自治体で同様の動きが続いている。また文科省が学校教育で性的マイノリティの児童や生徒への配慮を求めるなどの取り組みも進められている。そして二〇一九年二月一四日には、国が同性婚を認めないのは違憲として、全国の戸籍上同性であるカップルが一斉提訴を行った(1)。

本論は、この変化をどのように認識すべきかフェミニズムおよびクィア理論によって考えるものである。というのは、自治体あるいは国のこれらの動きやその前後におけるマスメディア上のLGBTを取り上げる報道は、一見、マイノリティの権利が認められていくものとして肯定的な印象を与えていると同時に、違和感も常に残存させているように感じるからである。

この数一〇年間にわたって、ジェンダー・セクシュアリティという概念を核とする人文社会科学的研究が蓄積を続けてきた。またジェンダー・セクシュアリティに関わって、女性たちを中心とするフェミニズム運動と、後にLGBTという言葉でまとめられることになる様々な主体の運動も、歴史を形成してきた。その流れのなかで、今回の同性カップルの公認に向かう動きをどのように位置づけるかという問いは、重要性を帯びている。というのは、同性パートナーシップが模範としている結婚制度は、ジェンダー・セクシュアリティの社会秩序のなかで中核的な位置にあるからである。(2)

一部で同性婚の是非が議論されているが、理論的に、同性婚の制度化という現在の社会現象は、ジェンダーとセクシュアリティの観点からどのように分析できるのか。そもそも結婚制度とは何なのか、またなぜ現在同性婚が社会的に注目されているのか、そして私たちはこの変化をどのように考えるべきなのか。必ずしも十分に論じ尽くされていないと思われるこれらのことを本論では考えてみたい。

はじめに明記しておくと、本論は同性婚の法制化に積極的に反対するものではない。ある条件にある同性カップルが結婚という制度によってメリットを得ようとすることは個のサバイバルという意味では否定できるものではない。ただ、個人の行為とは異なる次元で、その制度化によって失われるものは何なのか見極め、その上で望ましい社会を構想する可能性を見出したいというのが本論の立場であり、その途上の一つの点として本論を設定している。

1　同性婚・同性パートナーシップをめぐる現状

（1）結婚制度をめぐる変化

同性婚・同性パートナーシップをめぐる社会的位置づけの変化はもちろん日本だけのことではない。むしろ国外の変化に押されて日本国内の変化も起きているといってよいだろう。例えばフランスのオランド大統領は二〇一三年五月一八日、激しい政治的論争を巻き起こしてきた同性婚合法化法に署名した。これによりフランスは同性婚を認めた世界で一四番目の国になった。また、アメリカでは長年にわたる変遷の末、連邦最高裁判所が二〇一五年六月二六日、同性婚を憲法上の権利として認める判断を示した。この判決により全米で、同性婚が事実上合法化されることになった。

そのような国際的環境の中、二〇一五年三月三一日に、渋谷区で「渋谷区男女平等及び多様性を尊重する社会を推進する条例」が可決され、四月一日から施行された。この条例では、「法律上の婚姻とは異なるものとして、男女の婚姻関係と異ならない程度の実質を備えた、戸籍上の性別が同じ二者間の社会生活における関係を『パートナーシップ』と定義し、一定の条件を満たした場合にパートナーの関係であることを証明するもの」[3]と説明されている。その後、東京都世田谷区、兵庫県宝塚市、三重県伊賀市、沖縄県那覇市、北海道札幌市も同様の施策を始め、多くの地域が追随している。その施策内容は、渋谷区と那覇市のようにパートナーシップとして自治体が証明書を発行する場合と、その他の自治体のように宣誓書の受領証を発行する場合とに分かれる。ただし、どの自治体でも法的な拘束力はもっていない。

これらの自治体の動きは、おおむねＬＧＢＴの存在が認められた先進事例のひとつとして報道された。もちろんこれ以前から、ＬＧＢＴ当事者及び支援者による運動は長く継続されてきており、とくに一九九〇年代以降は活発化してきていた。そのような中、「同性パートナーシップ」を自治体が認めるという変化は、これまでの運動の歴史の成果として捉えられることがある。本論では、あえてその手前で踏みとどまって、パートナーシップの公認が、ＬＧＢＴの政治にとって何を意味しているのか改めて考えてみたい。というのは、この変化によって、「結婚制度」の意味がずらされていく危険を感じるからである。結婚制度は不変のものであるかのように思われやすいが、じっさいにはそうではない。時代によって地域によって変化しうる社会的な事象である。同性パートナーシップについては「男女の結婚」がモデルとして設定されており、「実質的に同じ関係」としてイメージされている。であれば、そもそもの「結婚」について考えてみなければいけないだろう。

広く結婚について見回すと、近年様々な変化が見られる。日本社会全体でみると長期的には、未(非)婚率の上昇や第一子出産平均年齢の上昇など、結婚に関する自由度の高まりを示す指標がある。法レベルで注目されたところでは、二〇一三年に出された最高裁判決で、婚外子の相続分を嫡出子の半分と定めていた民法の規定を違憲とした。これは、長年問題を指摘され当事者らから改正を求められていた規定が是正されたものである。だが、これも長く運動が続けられてきている夫婦別姓については、二〇一五年一二月一六日に判決が下された。(4) 夫婦同姓を定めた民法は男女平等を定めた憲法に違反しないとされたため、「同姓を強制されない権利」を求めた当事者は抗議を表明した。

また、婚姻制度に伴う社会保障についてはこれまで年金制度や税制が専業主婦のいる世帯を優遇しているという批判がなされてきた。そのなかで配偶者控除に関して、二〇一六年に税制改正に向けて審議されたが、控除廃止は見送られた。このように結婚をめぐって様々な変化が見られ、方向性は揺れている状況にあるといえるだろう。

ほかに重要な現象として、「婚活」の流行がある。「婚活」は二〇〇〇年代終わりから広まった言葉で、「就職活動」のように、「結婚を目標として積極的に活動すること」［山田 二〇一〇：九］を意味している。婚活は少子化対策と相まって瞬く間に広がり、現在では民間の結婚相談事業に止まらず地方自治体や国までもが婚活支援に乗り出している[5]。

さらに、自民党は親子断絶防止法案の国会提出を図っている。これは、別居や離婚に際して一方の親が子を「連れ去る」ことを防止しようとするものだが、成立すればDVのケースで被害母子が逃げることを抑制する効果をもつことが懸念される。そしてこれらは、憲法第二四条をめぐる改憲の動きと切り離しては考えられないだろう。

以上のような結婚をめぐる動きをどのように一望したら良いのだろうか。少なくとも、直線的に個人の自由を尊重する方向に進んでいるとは言えないことは確かだろう。

（2）同性婚に対する反対論・賛成論の内容

それでは同性婚に関してはどのように見られているだろうか。

同性婚に対する世論として、例えば二〇一六年に発表された調査［釜野ほか 二〇一六］によれば、同性婚の賛否を聞いたところ回答者一二五九人中「賛成」が一八六人（一四・八％）、「やや賛成」が四五八人（三六・四％）で、「やや反対」が三一九人（二五・三％）、「反対」が二〇一人（一六・〇％）だった。「賛成」と「やや賛成」を合わせると五一・二％、「反対」と「やや反対」を合わせると四一・三％になる。賛成が約一〇％ほど多いものの、反対も四割を超えており、社会の意識は揺れ動いている状況だろう。

では賛否それぞれの理由としてはどのようなものがあるだろうか。一般に言われるところでは、反対派の論理としては「生理的嫌悪感」を表明する単純な偏見の他には、「伝統の崩壊」を危惧するものや、「同性カップルは子どもを作れない」ことから人口減少を憂うものなどが挙げられる。逆に同性婚に賛成するものとしては、「他人に迷惑をかけているわけではないから」「異性愛者と同等の権利を認めるべき」「結婚する権利は基本的人権の一つ」などの論理がある。

このように反対論は比較的明確な立場を表明することが多い。つまり、「伝統」や「繁栄」「家族の価値」などの理念を立てて、同性婚はそれを損ねるものとして反対するのである。であれば、その立場を批判する場合には、その理念の内実を問い直すことが可能になる。他方、賛成する論は必ずしも明確な理念に立つのではなく、異性婚との比較で、同等な扱いを求めるものが多い。これは差別に反対する論理としては分かりやすいため、多くの人が肯定する。「誰にも迷惑をかけない」という論理はなおさら、絶対的な正当性をもつ。

しかしそこから一歩考察を深める時、この賛成論が後ろ盾にしているものがそれほど確実なものではないことが見えてくる。同性婚を異性婚と比較して平等に認められるべきと主張する時、その論理は同性愛者と異性愛者を平等に扱うべきであるという意味内容とほぼ同等に理解されているのではないだろうか。確かに同性愛者を異性愛者と異なって処遇することは差別であり許されない。だが、その基準を結婚制度に置くことは完全に正しいのだろうか。そこでどれだけ結婚の意味について吟味されているだろう。むしろ結婚の意味は問わず、同性愛者を差別していないことの証明として同性婚を認めるという単純な論理になっていることが多いのではないか。それは、すでにある制度を疑わず、むしろ是としてそこにすべてを包摂することを良しとする態度である。あるいは逆に、同性婚を肯定するさいに、結婚制度の正当性が構築されるといってもよいかもしれない。結婚制度によって同性愛者の権利は認められるかのようであるし、同性婚を肯定することによって、結婚制度の正当性が確認されるかのようである。

2 同性愛者解放運動の理論的位置づけ

それでは、同性婚の議論の前提となっている同性愛者の権利について考えてみたい。そもそも同性愛者の運動はフェミニズム／クィア理論ではどのように位置づけられてきたのだろうか。ここでは、一九九〇年代終わりに注目を浴びたナンシー・フレイザーとジュディス・バトラーの論争から見てみたい。フェミニズム理論を舞台としたこの論争を振り返るのは、現在日本における同性婚をめぐる議論が、もっぱら「同性愛者の権利」という観点からのみ語られているが、そもそも同性愛者の位置はジェンダーとセクシュアリティに関する理論上どのように語られるのか考えたいからである。

この論争は、当時の広範な思想・学問や運動の状況に対してフレイザーが問題提起する主張をしたところから始まった。フレイザーは、当時の政治状況を、「再分配の政治」が失墜したのに対して、「承認への闘争」が主流になっていると考えた。再分配の政治とは、収入や財産の格差から始まって食糧の不平等や環境破壊、疾病といった問題まで含む物質的な不平等の増大をめぐるものであり、旧来の左派的な運動が担ってきたものである。それに対して興隆している承認への闘争は、ナショナリティ、エスニシティ、「人種」、ジェンダー、セクシュアリティなどの集団的な差異をアイデンティティとして争うものである。フレイザーは、本来切り離せない両方の政治がバランスを失っているとして、どのようにこれらの関係性を回復していくかという問題意識をもっていた。

フレイザーの議論に対してバトラーが問題としたのは、端的には同性愛者の運動の位置づけだった。フレイザーは承認と再分配の政治の分布において、どちらにも深く関連している二価的な問題としてジェンダーと人種を取り上げ、それに対して二価的ではなく、承認あるいは再分配のどちらかにのみ属する問題としてプロレタリアートと同性愛者を位置づけた。この整理によると、セクシュアリティは「政治経済に根ざすのではない社会的差異化の一形態」［フレイザー 一九九九：二八］であり、同性愛者は文化的評価に基づいて不平等を被っており承認の政治によって救済されるべき存在だとされる。もちろんこの例示は理念型であり、実際の同性愛者の集合がそうであるかどうかは「脇に置いて」［フレイザー 一九九九：二八］おくとしている。

このフレイザーの配置に対してバトラーは、セクシュアリティを「単に文化的な」問題とするのはあまりに古い左翼の誤りであり、「セクシュアリティが社会的に規制されている現状を批判し変容させようとする運動は、政治経済の作用の核心に迫るもの」［バトラー 一九九九：二三二］だと反論した。つまり同性愛者の政治の理論的位置づけをめぐって、フレイザーがレズビアンやゲイの運動は承認の政治の一例であり、経済構造の変革へ結びつかないとしたのに対し、バトラーはレズビアンとゲイの運動は経済と文化の二元論を脱構築させる地点にあると批判したのである。

ここで、バトラーとフレイザーの対立が意味しているものを考えてみたい。ふたりの対立の核心は、同性愛者の運動に対する理論的位置づけである。バトラーは異性愛規範的なセクシュアリティ規制[6]が経済構造の重要な位置を占めているとしたが、フレイザーは、そのセクシュアリティ規制は「資本主義社会における、社会的分業も、労働の搾取の様式も構造づけてはいない」〔フレイザー 一九九九：二四六〕から経済構造に属していないとした。

現在の時点からこの対立を振り返る時、両者のそれぞれの見方は現在の社会状況を予測して表現していたように見える。というのは、この論争の後、前述のように同性愛者を含む性的マイノリティの社会的な可視化がさらに進み、同性婚を承認する国や地域も増えた。だがそれはもちろん、バトラーのような、LGBTの権利の主張が経済構造をも揺るがすものだという解釈が広がったからではない。むしろフレイザーのように、それを経済構造には直接関わらない、承認の政治によって救済されるべき存在とする解釈によって広い支持を得ているといえるだろう。

例えば、加藤泰史は、フレイザーとバトラーの論争を整理した上で、資本主義と異性愛主義の関係を論じている。近年LGBTに「対応」しようとする企業が増えていることから、「少なくとも生産性向上のためであるならば、現代の企業にとって異性愛（中心）主義は必要不可欠というわけではないことを示唆している」〔加藤 二〇一五：六二〕と読み取る。そして、「仮にこの『非異性愛的』社会運動が定着して言語的に分節化したとしても、直ちに資本主義を変革できるかどうかは疑問」〔加藤 二〇一五：六二〕としてフレイザーを支持している。

この評価は、じっさい、企業の「LGBT対応策」だけでなく、各国で同性婚を認める際に、経済政策や社会制度の大きな変更などを伴わずに婚姻や子の養育に関する部分的な法的手続きの変更で行われていることを考えれば、現状に適合した理解だといえるだろう。しかし、LGBT運動に対する現状の主要な変化がそうであることと、その運動がもつ理論的可能性の範囲や潜在力とは完全に同じではない。

フレイザーの立論は、多様な運動が個別に散在して主張を繰り返し、それが大きな体制を変える批判的勢力として形成されていない状況を問題視するところから始められており、実際の政治状況のありようやその見通しを前提としている。現在、多くの人々が同性愛者の権利を単なる「承認の問題」と考え、再分配の問題とは本質的には分離して考えている状況をフレイザーはなぞっている。そのために取りこぼされている要素をバトラーは拾い上げ、批判を展開した。

バトラーは社会主義フェミニズムの成果を引きながら、次のように論じる。

再生産と結びつけられた経済は、必然的に異性愛の再生産とも結びつけられているが、これは単に非異性愛的セクシュアリティの排除ということのみを意味するのではなく、優先されるべきこの規範性［つまり異性愛］を機能させるためには、非異性愛的セクシュアリティの抑圧が不可欠であるということを意味している。［バトラー 一九九九：二三六］

つまり、資本主義の経済構造は異性愛主義と切り離せない。異性愛主義が資本主義には不可欠であるということは、必然的に非異性愛的セクシュアリティ、例えば同性愛を抑圧することが必要とされるということをバトラーは強調している。フェミニズムは文化と経済の関係性をめぐる問題の根幹にあるのであり、フレイザーもそれは認めている。フレイザーがフェミニズムと同性愛者の運動を差異化したのに対し、バトラーはその分離不可能性を主張した。

だがそうであれば近年の同性婚の承認に至る情勢はどのように理解できるのか。繰り返しになるが、同性婚の承認を「非異性愛的セクシュアリティの抑圧の解消」と見なせば、バトラーの立場は歴史的に誤りであると立証されたことになる。この点がふたりの論争の核心にある。

以上のように、同性愛者の運動の位置づけについては、フェミニズム理論においても見解が分かれている。そしてその違いは、セクシュアリティと経済の関連性という社会理論に関する大きな枠組みそのものにおいて分岐している。

3 結婚制度の政治性と構造

(1) 結婚制度と異性愛主義の関係

それでは、同性婚の承認は「非異性愛的セクシュアリティの抑圧の解消」と見なせるのだろうか。セクシュアリティと経済の関連性の複雑さを体現しているのが結婚制度である。バトラーのいう異性愛主義的なセクシュアリティの社会的規制の具体化された制度が、結婚である。結婚制度が異性愛的セクシュアリティとどのように関連しているか見てみよう。

一般に結婚とは、「恋愛関係」の状態にある男女が、国にその関係性を登録することによって恩恵と義務を得る制度である。そして結婚した男女は、多くの場合子どもをもち、「家族」を形成するという社会的合意がある。(7) 普通、現代社会において生活する上で必要な財産を他者ともとから分け合うという発想はない。つまり、たまに奢り奢られ、という行為はあっても、例えば誰かの得た給料を常に他の誰かと同等に共有するということは期待されていない。にもかかわらず、結婚すると財産を共有することと、専業主婦や子どもなど労働していないメンバーの生活は労働している者が経済的に責任を負うことが当然とされている。

そして同様に当然とされていることが、夫婦間の性関係である。近代的な恋愛観は性関係へと発展し、そのなかで生殖も営まれると想定されている。結婚制度はその一連の流れを公的に承認するためのものである。結婚制度とは、特定のカップルにおいて金銭の授受を媒介せずにセックスを行う関係性を軸に、子どもを産み育て、再生産労働を無償で行い消費・享受することが期待されるという意味が重ねられている。

以上のように、結婚制度はセクシュアリティと生活と経済その他多くの領域が密接に絡まり合った複雑な内容をもっているが、私たちはこれを当然のものとして渾然一体とさせたまま受け取っている。

次に結婚内の役割を見ると、家庭生活内では主に女性の無償労働によって構成員の生が営まれる。夫は原則的に家庭外で賃労働を行うため、妻が家事や育児や介護の責任を負う(8)。この基本原則は妻が家庭外の賃労働に就いていても大きく変更されない。妻の家事労働は「愛の労働」[ダラ・コスタ 一九九一]と見なされるため対価は提供されない。かりに結婚内の女性の労働が有償化されたら現在の経済構造とは全く異なるものになるだろう。家事労働の総体を賃金に換算して金額を算出するのも困難だし、現在の社会構造で十分に支払える主体は存在しない[川崎・中村 二〇〇〇]。逆に言えば、女性の家事労働が無償であるという前提で、現在の家族制度は成立している。

その制度を維持するため主に女性に対してイデオロギー的に恋愛と結婚のロマンティシズムが備給される。イデオロギーなので明示的な強制ではない。現在でも女性向けのエンターティメントの多くは、男性との恋愛の成就をゴールとしている。それは、女性に男性との関係の必要性を自明視させ、結婚の価値を教える。男性と性的に親密になり、経済的にも社会的にもカップルとなることが女性にとって「良いこと」「幸せ」であると感じさせる。それ以外の生き方の選択肢が望ましいものとして提示されることは少ない。

同時に結婚外の労働市場では女性の労働は安価に取引されるため、経済的にも女性は結婚制度の中に追いやられる。そのため結婚内の男女の関係性は、特に経済面から見ると女性にとって損失が大きく、支配・依存関係になりやすい。だが親密な関係の内容は、数値化して測ることが難しいため、内部の権力関係は見極めるのが難しい。

このような個人次元における結婚制度のもっている圧力は、より構造的な次元と密接に結びついている。日本社会では現在も男女の賃金格差は大きく、正社員内のコース別雇用は撤廃されていない。また非正規と正規の格差は、ジェンダー差別を前提としたものである。そしてコース別雇用も非正規の待遇の低さも、女性の「被扶養の妻」という想定される社会的位置によって正当化されている。職種や業種すべてにジェンダーは入り込んでおり、ジェンダーは雇用・労働のあり方からひいては経済システム全般に刻印されている。この経済システムのジェンダー構造は結婚制度と深く結びついている。すなわち、結婚制度を根拠として経済システムのジェンダー構造は構築されており、また経済システムのジェンダー構造によって結婚制度は形作られている。

ゲイル・ルービンは、レヴィ・ストロースの理論を読み解きながら、それぞれの社会においてそれぞれのやり方で男女へ仕事を割り振る「性による労働の分割」が行われるが、それは生物学的目的によるものではないと指摘する。その目的は、「最小の生存可能な経済的単位が少なくとも一人の男と一人の女を包摂するようにすることによって、男たちと女たちの結合を保証する」［ルービン 二〇〇〇：一三二］ことである。

また労働の性的分割は、異性愛的な婚姻を強制する性的な配置以外のあり方を禁じる。逆に、「諸個人は、婚姻が保証されねばならないという理由によってジェンダー化される」〔ルービン 二〇〇〇：一三三〕。

人間のセクシュアリティの同性愛的な構成要素の抑圧、そしてその系としての同性愛の抑圧は、したがって、その諸規則や諸関係が女たちを抑圧する同一のシステムの所産である。〔ルービン 二〇〇〇：一三三〕

つまり構造的な次元で見ると、男女の不均衡な関係性による異性愛主義と同性愛の抑圧は切り離せない。女性への差別はフェミニズムが、同性愛者への差別はレズビアン／ゲイ・スタディーズが分担するという二元論をルービンは批判した。ジェンダーとセクシュアリティはより複雑に絡まりあっている。

労働分業に代表される経済構造は、異性愛主義と深く結びついており、それは結婚制度において具体化される。同性愛の抑圧は、これに伴う作用である。したがって、このセクシュアリティと経済の関係性が完全に解消されない限り、同性愛の抑圧も解消されないことになる。

ルービンの考察を踏まえると、結婚制度と異性愛主義の関連は切り離せない。そして同性婚の制度化は、むしろこの関連性を不可視化させる。

（2）正しさと幸福

さらに、結婚制度と異性愛主義の関係性についての重要な指摘を見ておこう。

このような異性愛的セクシュアリティのあり方を、竹村和子は「正しいセクシュアリティ」と呼んだ。

「正しいセクシュアリティ」とは、終身的な単婚《モノガミー》を前提として、社会でヘゲモニーを得ている階級を再生産する家庭内のセクシュアリティである。〔竹村 二〇〇二：三七―三八〕

竹村は近代のセクシュアリティ規制を、「性差別と異性愛主義を両輪とした〔ヘテロ〕セクシズムであり、ただ一つの『正しいセクシュアリティ』を再生産するメカニズム」〔竹村 二〇〇二：四〇〕としている。そして、その「正しいセクシュアリティ」の規範は結婚制度によって確立している。ここで結婚制度の存在を強調するのは、「正しいセクシュアリティ」がもっている具体的な社会的意味を明確にする必要があるからである。

「正しいセクシュアリティ」は結婚制度によって社会的に具現化されるが、結婚制度は前述した経済的意味と、さらに個人の主観レベルでの実存的意味をもっている(9)。結婚制度のもつ抑圧性を倫理的な面から批判しても、個の生存の問題は残り続ける。結婚や家族などの社会関係の制度化は、親密性の「正しさ」という規範と同時に、個々の生存をその制度の中で安定化する役割をもっている。異性と恋愛関係をもったり結婚して家族を形成することは、宗教や道徳によって正当化されるが、それとは別の次元で、個人のアイデンティティ(10)や感情の管理に影響する。生存は身体性といいかえてもいいが、人が結婚制度の中に入っていくのは、それが道徳や宗教的に「正しい」からであると同時に、経済的な理由や身体的な理由(11)がある。経済的な理由は前述したように、男女によって異なり、女性の場合「辛い賃労働から逃れて」経済的安定を高めるためであるし、男性の場合無償労働を入手するためである。身体的な理由とは、例えば男女双方にとって、「一人では寂しいから」である。理性的な認識として「結婚制度は保守的だ」と考えていたとしても、自分の生をどのように営んでいくかを考えた時、保守的であろうとも結婚制度による安定を欲しいと判断する者は多い。結婚とそれによる家族制度を基軸に社会関係が構成された社会では、それらの制度に入っていくことによって精神的な安定を得やすい。固定的な人間関係を得ることができ、「一人前になった」という社会的承認を得る。家事・育児や介護による負担が想像されても、「老後の寂しさ」を考えれば結婚制度への参入に傾くという者も多い。結婚は単なる「正しさ」の達成のために行われるというより、個人の「幸福」の追求として行われる。つまり個の「幸福」イメージは、結婚制度におけるジェンダー役割と深く結びつけられている。個人は「夫」「妻」「父」「母」というジェンダー役割を身体化することによって幸福を獲得すると認識されている。そしてそのこと全体が人の「正しい」生としてまとめられる。

逆にいえば、個々人は正しいとされた制度の中で、「正しさ」を甘受する以上に、自己の承認感や社会での地位の確定、アイデンティティの安定を得る。例えば具体的にいえば、「家族のために仕事をして稼ぐ」ことは多くの現代人の「生きがい」となっている。「働いて稼ぐ」ことは資本主義社会においてシングルにとってももちろん必要なことであるが、家族の扶養責任を負っている場合、さらに負担が倍増すると同時に個人的かつ社会的な意義を獲得する。扶養責任を負う場合、賃労働は収入のために必要であるが、それは「家族のため」という価値によって意味づけされるため、安定したあり方となる。同時に、支払われない無償労働も「家族のため」という価値によってもともと意味づけされている。家族は資本主義システムにとって、個々人を賃労働および無償労働の中に自発的に組み込んでいく便利で不可欠な条件であり装置である。

(3) 同性婚と異性愛主義

以上のような結婚のもつ意味を同性婚賛成論は射程に入れていない。同性婚賛成論は結婚が構造化する異性愛主義を解消し、それによって同性愛者への抑圧をなくすことを説明していない。同性婚の制度化に当たって、結婚制度における異性愛主義は必ずしも問題化されず、逆に、同性婚の制度化によって結婚制度の異性愛主義も社会の異性愛主義も軽減あるいは解消されるかのように認識されている。

バトラーが主張した同性愛者の運動の理論的実践的可能性は、同性婚によっては実現しない。フレイザーがあえて措定したように、社会構造とは切り離されて同性婚は理解されている。同性婚の制度化という行為は、性的欲望のひとつのあり方を追加で認めるという形式で、同性カップルが生活や経済を共同できることを認めるという論理になっている。同性婚が制度化されれば賛同する同性愛者の多くは社会的承認による身体的安定を得るだろう。また「正しさ」や「幸福」のイメージを得ることもできる。同性婚は富裕な同性カップルにしか意味がないという指摘もあるが、低収入のカップルであれ生活や経済を社会的評価を気にせずに共同できることでメリットはある。しかしデメリットもある。前述したように結婚制度は異性愛主義の最も基本的な紐帯であり、近代社会の経済・政治・文化各領域にわたって影響を及ぼす基本制度である。意識の次元では、結婚や家族は個々人の「生きる意味」あるいは「働く意味」とされ、強大な権力作用が働いている。一つの言葉では分析しきれない文化と経済あらゆる方向から強制的な力によってひとは結婚制度へと流されていく。

同性婚が承認されれば、同性愛者もこの権力作用にさらされていくことが公的に認められる。承認されることの否定的側面のひとつとしては、異性婚は「男女カップル」としての承認であり、そのため日本社会における「奥さん」「ヨメ」「旦那様」「ご主人」といった呼称が示すように、男女それぞれに役割を果たすことが求められる。その役割の間の権力関係が平等なものでないことは、象徴的な例として夫婦同姓の習慣や法が表現している。同性婚においても男女になぞらえた不均衡な関係性が求められる可能性がある。例えば日本であれば、世帯主という形で同性カップルの間の権力関係を確定することや、同姓の強制などがすぐに想像される。

4 新自由主義による結婚の変質と同性婚の関連性

次に、同性婚の制度化と現在の新自由主義の関連性を検討したい。

なぜ現在、同性婚が各国で合法化されていこうとしているのかという点を考えるには、新自由主義との関連性を指摘する主張や研究が多い。アメリカ合衆国の状況については兼子歩が同性婚運動と新自由主義の論理の親和性を分析している。日本の状況についても渋谷区の条例制定について、同時期に進められた区の野宿者排除政策や新自由主義的な再開発政策との関係を問う声があった[12]。

兼子は、アメリカ合衆国で「高学歴男女にとっては結婚がリスク管理能力を高める有益な制度であるのに対し、低学歴の下層階級に属する人々、特に女性にとっては、結婚はリスクを拡大するものとなってきた」という研究を紹介する。一九七〇年代以降、中・低学歴の男性の雇用が不安定化すると同時に、離婚や親権に関する法のジェンダー中立化が進んだため、中・低学歴女性は夫に対する扶養責任を課されるリスクを高めた。そのため、結婚を回避する女性が増加したという。また、一九八〇年代以降の新自由主義的政策において結婚は公的セクターに代わるセーフティネットとして位置づけられた。このような中、私的財産の多い富裕層にとっての結婚の意味と、収入の低い階層においての意味は大きく異なっている。にもかかわらず、結婚を万人にとっての普遍的な権利として主張する同性婚合法化論は「新自由主義と強い親和性がある」と指摘する［兼子 二〇一五：八〇］。

日本では法のジェンダー中立化は進んでいないが、アメリカ同様、新自由主義的政策により雇用の縮小・不安定化と労働環境の悪化、生活保護支給の削減・厳格化など公的福祉の悪化のなかで、結婚がセーフティネットとして位置づけられる意味合いは高まっている。

さらに、より根本的な次元で結婚の意味が新自由主義によって変質している。ミシェル・フーコーは、新自由主義の重要な特徴のひとつとして、これまでは経済的とはみなされなかった社会的行動様式を経済主義的観点から解読しようとすることとしている。新自由主義者たちは結婚や家庭について次のように認識しているとフーコーは説明する。

> 夫婦として結婚という形式のもとで生活する人々のあいだに打ち立てられる長期の契約は、いったいどのような意味を持っているのでしょうか。何が経済的にそれを正当化し、何がそれを基礎づけるのでしょうか。それはすなわち、夫婦間のこうした長期の契約によって、さもなければ家庭生活を機能させるために結ばなければならないような無数の契約について絶えず交渉し直す必要がなくなるということです。（中略）一つひとつの身振りについて取引を行わなければならないとしたら、時間的コスト、したがって経済的コストがかかり、個々人にとってそれは全く乗り越え難いものとなるでしょう。これが、結婚の契約によって解消されるのです。［フーコー 二〇〇八：

三〇二］

新自由主義的認識論は、これまで精神的な絆に基づく自然な情愛の空間とされていた結婚や家族を、経済的格子による合理的判断に基づく関係性であり、「古典的な会社と同じ資格における生産単位」［フーコー 二〇〇八：三〇二］へと解釈し直す。労働者を含むあらゆる社会構成員を企業家に再編し、生を人的資本の投資活動と読み替えようとする新自由主義において、結婚も例外ではない。むしろ結婚の中で行われる育児・教育は、最大の投資活動である。

フーコーによれば新自由主義は、労働者を「賃金を所得とする能力機械」に、結婚を「より良い遺伝的装備をもちよりリスクの少ない個人を生み出すためのもの」と意味づける。つまり労働者は資本家同様に自分の労働力を投資して利潤を得る投資家と化し、結婚はそのような「労働者＝投資家」が自分の資本をより「良質な遺伝子」の配合によってよりハイクオリティな労働者を生み出す機会と見なされるようになる。

そしてもし、先天的諸要素と遺伝的諸要素という観点のみから理解された人的資本において優れている子供を持ちたいとあなたが望むとすれば、これもやはりおわかりいただけるとおり、あなたの側の投資一式が必要となります。つまり、十分に労働し、十分な所得と社会的地位を得ることによって、やはり大きな資本を持っている相手を配偶者あるいは未来の人的資本の共同生産者として手に入れなければならない、ということです。［フーコー 二〇〇八：二八二］

このような結婚の意味の変質を最もわかりやすく表現しているのが「婚活」現象であろう。現在では自然な恋愛関係の発展の結果として結婚があるのではなく、個人が資本主義社会の中で生き延び、所得や生活水準を向上させるための合理的な選択行為として結婚が位置づけられている。婚活の中で人々は年齢・収入・学歴・地位・家族関係・居住形態などの多数の条件を吟味し、相手を選ぶ。以前は存在したとはいえ公的には明らかにされなかった結婚のこのような経済的合理性は、婚活の隆盛によって明らさまにされた。

このように結婚における経済的意味が極大化している。その結果、結婚制度は格差の増幅装置という機能を増大させる。低い階層においては公的なセーフティネットの代替として、高い階層においては財産や資源の拡大再生産として結婚は意味をもっている。親族関係や地域社会の相互扶助の希薄化により結婚制度の価値は強化される。新自由主義的価値観が社会に広まるにつれ、そのような感性は自明視されるため、これらの結婚制度の隠された意味は曖昧化、透明化される。

しかしここで見落とせないのは、新自由主義に伴う保守主義的な政治傾向の面である。冒頭でも触れたように、近年、保守的な家族政策への動きが起きている。その代表的動きが、憲法に関連するものである。自民党が二〇一二年に公表した憲法改正草案では、第二四条に「家族は、互いに助け合わなければならない」との義務が加わった。また、現行憲法の第二四条で「婚姻は、両性の合意のみに基づいて成立」となっている部分から「のみ」を削除した。前文でも「家族や社会全体が互いに助け合って国家を形成する」と規定した。

これに対して女性運動等から第二四条改憲反対運動が起こされているが、第二四条は戦後日本において男女平等を保障する象徴的存在だったからである。第二四条そのものは婚姻制度内における男女の平等を規定したものだが、婚姻外の様々な社会領域にも拡大して解釈されてきた。第二四条が同性婚を否定しているかどうかという論点も浮上しており、本来であれば婚姻制度とは関わらず男女平等を定める条文の方がより明確であるが、自民党の改憲案は戦前の家父長制的発想に近いものである。

中里見博は、第二四条見直しによる実質的な変化のひとつは、新たに「直系姻族間の扶養義務、具体的には妻による老親の扶助義務」［中里見 二〇〇五：一五］が課されることだとしている。つまり第二四条改憲により、女性の介護負担がより明確に義務化されるということである。新自由主義化のなか政府は医療や介護・福祉の公的支出を一層削減しており、代わりに必要となるのが家庭内の無償労働の強化である。このように考えると、保守主義的な家族政策が新自由主義の体制を維持・発展させるために重要な意味をもっていることがわかる。

より経済的なものに変質し、しかも保守的な意味合いが強化されようとする結婚制度の中に、同性カップルが編入されようとしている。

5 可視化と隠蔽

結婚制度について考察した上で改めて、そこに同性婚が編入されることの意味を検討してみたい。フーコーの指摘のように非経済的要素をも経済主義的に認識する新自由主義が広まっているとすれば、同性愛者が人的資本をもつ存在として異性愛者と同列に、結婚制度に編入されるのは不思議ではない。リサ・ドゥガンのいう「ホモノーマティヴィティ」は、この水準で理解される。ホモノーマティヴィティは、異性愛主義に抵抗することなくそれを支え、維持し、同性愛者を脱政治化し、「私化（privatize）」

された同性愛者をめぐる消費文化を中心化する現在の社会の動きである。ドゥガンによれば、同性婚は、同性愛者の政治と文化を新しい新自由主義的世界秩序のために私化する戦略である［Duggan 2003：62］。

加藤はＬＧＢＴの可視化が進む現状を、現代資本主義が「異性愛（中心）主義を切り捨てる程度の柔軟性」［加藤 二〇一五：六二］を身に付けてきているものと解している。しかし、日本であれ他国であれ仮に同性婚が認められたとしても、結婚制度を主要に構成する異性愛主義にどれほどの変化が生まれるだろうか。むしろドゥガンのように、異性愛主義を脅かさない安全なホモノーマティヴィティが形成されると考えられる。同性愛者が人数的に少数にとどまる限り、つまりほとんどの人は異性愛者として異性婚していく状態が揺らがない限り、このホモノーマティヴィティは支持され続ける。

むしろ大きな変化として認識すべきは、「同性婚の承認によって異性愛者と同性愛者の平等が実現した」という認識が広まることだろう。差別からの解放や平等の達成を測定するのは、特にジェンダー・セクシュアリティの領域では難しい。そのなかで同性婚の承認は分かりやすい記号として用いられる。

竹村は同性愛者の可視化と解放の違いについて次のように警告している。

> むろん、過去一〇〇年あまり続いてきた同性愛差別に対して異議申し立てをおこない、不可視のものとされてきた同性愛を可視化する試みは早急になされなければならない。だが同性愛者というカテゴリーの主張は、決して解放言説の最終的な目標とすべきではないと思われる。なぜならそうした場合、セクシュアリティをイデオロギーの消失点としてわたしたちの社会的役割と解剖学的な性を構造化していく［ヘテロ］セクシズムの、幾重にも守られた「個」の階層秩序を、結果的に追認することになると考えるからである。［竹村 二〇〇二：四二―四三］

同性婚の承認は、竹村の批判する「同性愛者」というカテゴリーの再生産の一実践にほかならないだろう。「異性カップルのように」結婚したがっているのが同性カップル、同性愛者であるという認識が広がるだろう。今後、同性愛者というあり方は、結婚制度による基準に照らして理解され、判断されていくことになるかもしれない。その結果、「結婚する意志のない」あるいは「結婚制度に批判的な」異性・同性のカップルや個人は周縁化されるだろう。これまで同性愛者を含む性的マイノリティは「非規範的な」性のあり方として差別されていたが、社会が排除や包摂を判定する性的規範の内容において、「性のありよう（性的指向やジェンダー・アイデンティティなど）」のみではなく、結婚制度に参入するかどうかという基準がより大きな意味をもってくるだろう。

さらに同性婚・同性パートナーシップを制度化することのより重大な効果は、同性愛者というカテゴリーの承認と同時に、LGBT／クィアの運動や政治の変質が起きることである。これまでフェミニズムの中では結婚制度の女性差別性について批判する主張があった。結婚やパートナーシップ制度の承認がLGBTの権利の承認のように位置づけられることで、LGBTの運動においてそのようなフェミニズムの視点は周縁化するだろう。同性婚の承認によって結婚制度の異性愛主義的差別性は不可視化される。また、LGBTに関する一般世論においても結婚制度を批判するフェミニズムの視点は後退し、社会もその影響を受けるだろう。LGBTの可視化とフェミニズムの不可視化が進行するのである。

同性婚の承認により、正統的な結婚のあり方としての異性婚のイメージが向上することも考えられる。女性に対する結婚制度の抑圧的意味は、同性婚の承認により隠蔽されやすくなる。

しかも、異性婚が様々な特権をもっているのに比べて、現在日本の各自治体が規定している同性パートナーシップは明確な特権は保障されていない。例えば、異性のカップルが結婚する動機として、子どもが「婚外子」として差別されることを避けるという理由や、税制や手当などの具体的なメリットがあるが、同性の場合、日本では子どもをもつ権利は法的に認められていないし、税制や手当に関する処遇も保障されてない。にもかかわらず同性パートナーとして「宣誓」したり「登録」するということは、私的な関係性を公的に認められたい、正当化されたいという欲望、あるいはそうしなければならないという規範が強まることを意味している。

おわりに

本論は、同性婚や同性パートナーシップが実現に近づく状況の中で、それのもつ意味をジェンダーとセクシュアリティ秩序の観点から考察してきた。この主題に関しては、今後も様々な角度からの詳細な検討が必要である。

欧米諸国で政治的な変化によってLGBTの権利尊重が二転三転しているように(13)、同性婚や同性パートナーシップの承認は、社会の本質的な変革を必ずしも意味しない。

藤田裕喜は、改憲に同性婚が悪用されることを危惧し、むしろ重要なのは、同性婚の承認というよりも、「依然として根強い誤解や偏見、差別に基づく、自死にも至るいじめや嫌がらせを、少しでもなくしていく地道な取り組み」だとしている［藤田 二〇一七：二三］。加えて、社会構造がジェンダーやセクシュアリティの社会的規制の手段である結婚制度によって構築されていること全体を視野に含めることが必要だろう。

結婚制度の批判および、結婚制度によらずにすべてのひとが自由を保障されて生きられる社会の構築ではなく、安易に同性婚の承認を求めることによって結婚制度がもつ個人のアイデンティティへの権力作用をより強化することが懸念される。

また、これまで種々存在したフェミニズムとLGBTの運動内での結婚制度に対する議論を一元化し、LGBT運動の目標が同性婚実現であるかのように認知されがちな傾向は、運動の意義を矮小化する危険がある。少なくとも非異性愛的社会運動内の分岐に注目する必要があるだろう。

フェミニズムおよびクィアの可能性は、同性婚の制度化では達成されない。異性愛主義の問題性はより深い構造レベルにある。本論にとどまらず、結婚制度のもつ権力作用の深さを明らかにする必要がある。「異性愛的セクシュアリティの脱構築」という問題は、単なるマイノリティへの「寛容」を意味するのではなく、ジェンダー不平等な社会制度およびそれにもとづいたセクシュアリティと経済構造の変革を意味しているということを改めて確認したい。

註

（1）日弁連（日本弁護士連合会）は二〇一九年七月二五日、同性婚が法律上認められていないのは「重大な人権侵害」とする意見書を公表した。

（2）拙稿［二〇一五］で、セックス・ワークと結婚制度の関連性について論じた。

（3）渋谷区のサイトより。https://www.city.shibuya.tokyo.jp/est/oowada/partnership.html（二〇二一年一〇月一日最終閲覧）

（4）同法廷で争われた女性の再婚禁止期間については、「一〇〇日を超える禁止期間」を憲法に反するとした。

（5）二〇一六年一二月一〇日付の東京新聞は、「今や一大プロジェクト　官製婚活」と題して、国が四五億円（二〇一六年度）もの交付金を使っている現状を批判的に報じている。ほかに斉藤［二〇二〇］の指摘がある。
（6）セクシュアリティ規制とは、ここではセクシュアリティのあり方を異性愛規範にしたがって形成し、管理すること。
（7）事実婚や婚外子が十分認められていない日本社会では特に法的な家族への志向や社会的圧力が強い。
（8）例えば家事の分担割合の高いスウェーデンのような国でも女性の負担は男性より何倍も多い。
（9）ここで「実存」とは、個々のアイデンティティや生き方に関わる根源的なものという意味で用いている。
（10）ここで「アイデンティティ」とは、自分が何者であるか、どのような意味や意義をもつ存在であるかという自己確認の認識のことを指している。
（11）ここで「身体」とは、公的な言語上の認識内容と異なる、「私的」とされる個の感覚や感情、意識、価値観を指している。
（12）例えば二〇一五年に公開勉強会「同性パートナーシップ証明と野宿者排除〜渋谷区・人権・使い分け」が人権政策・制度研究会主催、特定非営利活動法人レインボー・アクション、のじれん（渋谷・野宿者の生存と生活をかちとる自由連合）共催で開催されている。
（13）例えばアメリカでは大統領の交代によって女性や性的マイノリティの置かれる立場は変動している。

参考文献

伊田広行［一九九八］『シングル単位の社会論』世界思想社。

岡野八代［二〇一五］「平等とファミリーを求めて」『現代思想』四三（一六）、青土社、六〇—七一。

加藤泰史［二〇一五］「フレイザーとバトラーの「再分配／承認」論争」越智博美・河野真太郎編『ジェンダーにおける「承認」と再分配』彩流社、四二—六五。

兼子歩［二〇一五］「アメリカ同性婚運動と新自由主義・家族・人種」『明治大学教養論集』五〇六、四九—九三。

釜野さおり・石田仁・風間孝・吉仲崇・河口和也［二〇一六］『性的マイノリティについての意識――二〇一五年全国調査報告書』科学研究費助成事業「日本におけるクィア・スタディーズの構築」研究グループ（研究代表者　広島修道大学　河口和也）編。

川崎賢子・中村陽一編［二〇〇〇］『アンペイド・ワークとは何か』藤原書店。

菊地夏野［二〇一五］「セックス・ワーク概念の理論的射程」『人間文化研究』二四、三七―五三。

斉藤正美［二〇二〇］「地方自治体によるライフプラン教育」『女性学年報』四一、三―二二。

竹村和子［二〇〇二］『愛について』岩波書店。

ダラ・コスタ、ジョヴァンナ、フランカ［一九九一］『愛の労働』伊田久美子訳、インパクト出版会。

中里見博［二〇〇五］『憲法二四条＋九条』かもがわ出版。

バトラー、ジュディス［一九九九］「単に文化的な」大脇美智子訳、『批評空間』第Ⅱ期二三、太田出版、二二七―二四〇。

フーコー、ミシェル［二〇〇八］『生政治の誕生』慎改康之訳、筑摩書房。

藤田裕喜［二〇一七］「同性婚をめぐる改憲論の壮大な罠」『週刊金曜日』一一二一、二二―二三。

フレイザー、ナンシー［一九九九］「ヘテロセクシズム、誤認、そして資本主義　ジュディス・バトラーへの返答」大脇美智子訳、『批評空間』第Ⅱ期二三、太田出版、二四一―二五三。

山田昌弘［二〇一〇］『「婚活」現象の社会学』東洋経済新報社。

ルービン、ゲイル［二〇〇〇］「女たちによる交通」長原豊訳、『現代思想』二八（二）、青土社、一一八―一五九。

Duggan, Lisa［2003］*The Twilight of Equality?*, Beacon Press.

第六章

天皇制とジェンダー／セクシュアリティ

国家のイデオロギー装置とクィアな読解可能性

堀江有里

はじめに ◉ 時の支配と天皇制

「平成」から「令和」へ——二〇一九年五月、元号がかわった。天皇の代替わりによってである。三〇年前の「昭和」から「平成」への代替わりのときと比較して日本社会に生きる人びとの感じるインパクトは大きく異なった。

「昭和」の終焉をすこし振り返っておこう。一九八八年なかごろから、日本は半年あまり〈自粛〉ムードに覆われることとなった。当時、大学生として京都で生活していたわたしの脳裏には、あのころのことが鮮明に焼きついている。キャンパスに隣接する京都御所では警官がつねに巡回していた。利用する近隣の駐車場ではつねに自家用車のトランクのチェック。度重なる職務質問。「カバンの中身まで検査された」という同級生たちもいた。

〈自粛〉と過剰な警備。それらがつづいていたのは、昭和天皇・裕仁《ヒロヒト》が体調不良のなか、下血と輸血をくりかえしていた時期である。年が明け、裕仁の死が報じられたのは、一九八九年一月七日のこと。翌日から元号は「平成」となり、〈自粛〉ムードはひといきに〈喪〉へと移行した。そして、しばらくすると、明仁《アキヒト》が新天皇になることであたらしい時代を迎えるという〈祝祭〉ムードへ。一九九〇年一一月一二日には即位礼、そして二二日から二三日にかけては大嘗祭《だいじょうさい》(2)がおこなわれた。とりわけ、〈自粛〉ムードのただなかで、また〈自粛〉から〈喪〉への移行のなかで、天皇制は「問題」であると気づく機会をえた人たちも少なくはなかったのではないだろうか。(1)

一九九〇年に大阪地裁に提訴された即位礼・大嘗祭違憲訴訟には、じつに一七〇〇人もの原告が集まった。国費を使って天皇代替わりの神道行事を実施することは憲法違反であるとして、日本政府を相手取って起こされた裁判である。この訴訟は〈自粛〉と〈喪〉の時代と重なったこともあり、人びとの問題関心をより一層喚起する結果ともなったといえるだろう。そのため、控訴審では画期的な判決が出された。大阪高裁は即位礼・大嘗祭は政教分離の原則に反する可能性があるとの判決を出したのだ（一九九五年三月九日）。判決の骨子はつぎのとおりである［菱木 二〇一九］。

①即位・大嘗祭として執行された諸儀式の中の二つの儀式、「大嘗祭儀式の全体」及び「即位の礼の中の『即位礼正殿の儀』」は、費用の負担の仕方と執行の様態から見て、政教分離違反である（政教分離違反／憲法第二〇条、第八九条違反）。
②即位の礼は国民主権にふさわしくない点がある（国民主権原則違反／前文、第一条違反）。
③奉祝要請は、思想・表現の自由の権利の侵害になりうる（思想信条の自由侵害／第一九条、第二〇条、第二一条違反）(3)。

あからさまな神道儀式に膨大な国費を投じることも、即位儀式が開催される一部を「国民の祝日」として休日化したり、学校現場には教育委員会をとおして「国旗」とされた日の丸掲揚の通達をおこなうことも、政教分離や思想信条の自由を侵害する可能性があると、はっきりと述べているのである。しかし、最高裁では棄却された。そして、二〇一九年の「平成」から「令和」の代替わりにおいても、神道行事に国費支出や奉祝要請は前回の方法を踏襲しておこなわれることとなった(4)。

さて、三〇年間、天皇であった明仁は、父の裕仁とは異なり、直接的な戦争責任を担うことなく、被災地への見舞いや太平洋戦争の激戦地への訪問などをとおして、「平和」を愛する、庶民派のイメージを確立した。そして、二〇一六年八月八日にメッセージを発し、生前退位の意向を示唆することとなった(5)。これにより「天皇の退位等に関する皇室典範特例法」が制定され（二〇一七年六月一六日公布、二〇一九年四月三〇日施行）、あくまでも現行「皇室典範」は変更せず、今回かぎりの特例として、生前退位による天皇代替わりがおこなわれたのである。二〇一九年四月三〇日に退位礼正殿の儀によって、明仁は上皇となり、翌日五月一日には新天皇となる徳仁《ナルヒト》の剣璽《けんじ》等承継の儀をもって一連の即位儀式が開始された。この日から元号が変更され、その後、即位礼正殿の儀（一〇月二二日）、大嘗祭（一一月一四～一五日）と行事は重ねられることとなった。とりわけ、剣璽等承継の儀（天皇の即位の日）と即位礼正殿の儀が実施される日は「国民こぞって祝意を表するため」との理由から、休日（＝「国民の祝日」）とする法律まで制定されることとなったのである（二〇一八年一二月一四日公布）。

天皇代替わりの直前である二〇一九年三月に実施された全国世論調査では、明仁が「天皇の役割を果たされていると思うか」という質問に対し、「十分果たされている」との回答が六七％にのぼり、「ある程度果たされている」の一九％と合わせると八七％にもなった（『毎日新聞』二〇一九年三月一九日）。このような結果をみると、象徴天皇制は、しっかりと、この日本社会に定着しているかのようにみえる。「昭和」から「平成」への移行と比較して、「平成」から「令和」への移行は、生前退位による代替わりとなったので、〈自粛〉や〈喪〉から〈祝祭〉へという社会のムードの変遷もなく、そこで浮かび上がるコントラストもなかった。だからこそ、問題の所在はより不可視化されたといえる。さらにメディアは一連の天皇代替わりの儀式を報道し、〈祝祭〉ムードを演出しつづけた。そのような演出のなか、天皇制がはらむ問題をめぐっては、社会では表面的な無関心が醸成されていく。しかし、その無関心はあくまでも表面的なものであり、問題意識をもって動こうとすると、実際には大きな「タブー」の圧力にさらされる。具体的には天皇制に反対する人たちへの圧力は激化しこそすれ、弱まる気配もない。反天皇制のデモや集会主催者に対し、右翼団体が車を破壊するなどの暴力行為がたびたび起こっているものの、警官はそれらを目前にしながら放置するという事態もある。また、それどころか、警察による過剰警備や具体的な弾圧さえ生み出されてきた。(6)

この「タブー」は、もっと日常的なところにも潜んでいる。たとえば、身分制度や性差別への批判の観点から天皇制に反対の立場を表明すると「過激だ」というレッテルをはられることや、皇室の誰かの名を呼び捨てにすると眉をひそめられることもある。(7) わたしたちが生きる日本社会には、このような事態がくりかえされ、暗黙のうちに、天皇制には疑問をもたないほうが良いと諭される圧力が存在しつづけている。

すでに日本のフェミニズムでは、天皇制というシステム自体が性差別やジェンダー役割を色濃く内包するものであり、同時に人びとの意識や慣習にも大きな社会的影響を及ぼしてきたとの指摘がされてきた。(8) 本章では、それらの蓄積を踏まえて、フェミニズムが性差別の温存装置としてとらえてきた天皇制をめぐる諸問題を検討したい。また、一歩踏み込んでセクシュアリティの問題も含め、クィア・スタディーズの観点から考察することにより、天皇制が異性愛主義を存立構造としてもつ制度であることをもあきらかにしたい。

以下、まずは、天皇制を存続させるための皇位継承というシステムとジェンダー役割について考察する（第一節）。つぎに、近代天皇制とともに構築された戸籍制度という社会システムや、家族国家観という観念について考察する（第二節）。さらに、それらの議論を踏まえ、「レズビアン」というポジションと天皇制の関係性について考えてみたい（第三節）。

1　皇位継承とジェンダー役割

（1）皇位継承の規定

「日本国憲法」（一九四六年公布、一九四七年施行）はつぎのような条項からはじまる。

［第一条］天皇は、日本国の象徴であり日本国民統合の象徴であつて、この地位は、主権の存する日本国民の総意に基く。

国家権力を制限するために制定された憲法の冒頭（第一章）に、天皇に関する条項が置かれているのは、いったい、何を意味するのだろうか。この条項は、天皇は国事行為のみをおこない、国政には関与してはならないこと（第四条）、天皇が内閣総理大臣や最高裁判所の裁判長の任命をおこなうこと（第六条）などが明記され、第一条から第八条までつづく。しかし、多くの人びとは、天皇条項が冒頭に置かれていることをふだん意識すらしていないのではないだろうか。

天皇代替わり——皇位継承——の法的根拠である「日本国憲法」と「皇室典範」には、つぎのように規定されている。

［「日本国憲法」第二条］皇位は、世襲のものであつて、国会の議決した皇室典範の定めるところにより、これを継承する。

［「皇室典範」第一条］皇位は、皇統に属する男系の男子が、これを継承する。

「男系男子」という規定は、つぎのように二重の限定をもつ。まず、「男子」であること。すなわち、女性であれば皇位継承権をもたない。そして、「男系」であること。すなわち、男性から引き継がれる血統でなければならず、女性の皇族が結婚して子どもが生まれたとしても、女系の血統になるので、その子の性別にかかわらず、皇位継承権をもたない。

この条文に明記されるように天皇制は世襲によって支えられている。世襲とは、特定の地位や財産などを子孫が継承していくことをいう。後にみるように「皇室典範」では養子が禁止されているので、皇位を血縁関係の子孫という形式でつないでいかなければならないのが、近代天皇制の特徴のひとつでもある。

皇位継承では、天皇という地位だけではなく、皇室神道の祭祀《さいし》長としての役割も継承される。天皇が、宗教上、皇族を代表する一家の長としての責任を担うことになるのである。次節の戸籍制度についての考察で詳細にみていくが、戦後には「日本国憲法」が制定され、性差別の根源のひとつである家父長制を基盤とした民法上の家制度は廃止された。そのため、家長のもつ財産権など家督権を単独で長男に継承していく制度もなくなった。しかし、家長を「男系男子」に皇位継承を限定する規定をみる限り、家制度は皇室には残存しているのだ。また特定の「家系」のみに限定している点から、天皇制は身分制度でもある。

この世襲によって支えられる天皇制というシステムのはらむ問題を、以下、①「男系男子」という規定と、②子産みの強制というふたつの点から検討していくこととしたい。

①「男系男子」という規定

まず、「男系男子」の規定についてみていこう。

なぜ、戦後も皇位承継を「男系男子」に限定する規定が残ったのであろうか。言い換えれば、なぜ、女性排除の皇位継承規定が存続しているのであろうか。ひとまず、近代天皇制の成立過程を簡単にみておく。

女性史研究者の加納実紀代は、「近代以前の天皇制には推古天皇をはじめ八人一〇代の女帝がおり、皇位は女にもひらかれていた」ことを踏まえ、皇位継承を男系男子にのみ限定した旧「皇室典範」制定のプロセスを「日本古来の天皇制の伝統を無視するものだった」と指摘する。近代天皇制の形成プロセスで目論まれたのは「あくまでも近代国民国家の統合原理」としての機能である。そのために「『至貴至尊』、『万世一系』の権威あるものとして民衆に受け入れさせなければならない」。したがって、「男尊女卑の通念がはびこっている現状では、天皇は男子に限って」規定すると決定されたのである［加納 二〇〇二：一七六］。

ここで協議されたのは、「万世一系」というフィクションを「男性男系」の血統でつないでいくことである。「万世一系」を生み出したのは、長く継続していることに価値をみいだし、伝統として認識していこうとする態度である。(9)

このようなフィクションとともに構築されたシステムが利用したのは「男尊女卑の通念」であった。もっとも、ひとつの価値観を「国家」という枠組みのなかで浸透させようとするにはそこそこの時間がかかる。そのため、旧「皇室典範」制定時にどのくらい中央政府が考える「男尊女卑」の社会通念なるものが広がっていたかは疑問ではある。

ともあれ、興味深いのは、現行の規定は「大日本帝国憲法」第二条、旧「皇室典範」第一条を踏襲した点であろう。(10) 結果、一〇〇年以上を経た現在も同じ条文が残っているのである。太平洋戦争を境目として、日本の国家体制は大きく変化したと指摘されることが少なくはない。たしかに天皇は「現《あら》人神《ひとがみ》」ではなくなった。しかし、このような皇位継承の規定をみると、女性が排除されているという点でも戦前と戦後は連関している。大日本帝国という軍事主義・植民地主義の体制のなかで制定された法律が、戦後も踏襲されてきたという現実があるのだから。もちろん、戦後、憲法や民法が改正されたとしても、「男尊女卑の通念」がなくなったとはいいがたい。その通念を利用して、あらためて、天皇の権威を保持するために「男系男子」の規定が残存することとなったといえるだろう。

このように皇位継承が「男系男子」に限定された規定は、これまでにも問題化されてきた。たとえば、国連機関でも協議されてきた例がある。一九七九年の国連第三四回総会にて採択され、二年後に発効した「女性差別撤廃条約」を日本が批准したのは、一九八五年である。女性に対するあらゆる差別の撤廃をめざした本条約だが、批准した日本の現状を考えると、差別撤廃とはほど遠いところにある。本条約の履行に関しては、さまざまな法的・制度的な制約と同時に、慣習や意識における阻害要因が指摘されてきた。日本の場合、その阻害要因として、天皇制の問題が横たわっている。たとえば、二〇一六年に国連女性差別撤廃委員会が日本政府の第七・八次レポートに対する総括所見の最終見解案に記載された「皇室典範」の見直しをあげることができる[11]。同委員会は「皇位継承権に男系男子の皇族だけがある」ことに対し、女性天皇を認めないことに懸念を表明したうえで、「皇室典範」の改正を勧告しようとしていた。これに対し、日本政府は強く抗議し、勧告から削除させるという事態となった[12]。結果的に削除させた理由について、菅義偉官房長官（当時）は「国民から支持されている皇室制度について十分な議論がないまま取りあげるのは不適切だ」と反論し、「皇位継承のあり方は、女子に対する差別を目的としていない。皇室典範を取り上げるのは全く適当ではない」と主張したのである[13]。皇位継承における女性差別の現状を国際社会においてもタブー視しようとする日本政府の態度がみてとれる。

②子産みの強制

つぎに、皇位継承のために必須となる子産みという観点からみていくこととしたい。

世襲によって駆動するシステムが存続するためには、かならず、子どもが生まれなければならない。近代天皇制は側室制度を廃止したからである。また、現行「皇室典範」には、「天皇及び皇族は、養子をすることができない」（第九条）と明記されており、血縁関係をつないでいくことが必須となる。子どもが生まれなければならないというのは、子どもを産む人が必要とされるということである。言い換えておこう。皇位継承には、女性の身体が必要不可欠とされる。つまり、この制度は、女性に男子を産ませることを必須とする。世襲によって存続する「万世一系」の思想は、日本の近代化のプロセスに形成されたフィクションであるが、かりに皇族男子が結婚したくなかったとしても、女性と結婚し、その妻に男子を出産させる行為の強要を伴う思想でもある。同時に、天皇制というシステムの安定をはかるために、生殖を伴う男女一対の関係を「正しい」ものとする思想は、異性愛規範を強化するものでもある。そのため、規範からはずれた性を生きる女性たちのあり方[14]が阻害され、負のレッテルがはられていく社会を、直接的・間接的に強化するシステムでもある。

子産みを強要される女性の身体が、いかほど、過酷な状況に置かれるのか。現天皇・徳仁の妻である皇后雅子が置かれた状況は、いまだ多くの人びとにとって記憶にあたらしいのではないだろうか。皇后となった雅子は、一九六三年に生まれ、ハーバード大学卒業後、東京大学に編入した。その後、中退して、外務省に入省し、外交官を務めるが、その前後よりマスコミによって「お妃選び」の候補として過剰に報道されることとなる。一九九三年一月には結婚の内定が報道され、同年六月に「結婚の儀」を執り行った。しかし、結婚後、しばらくのあいだ、妊娠することはなかった。一九九九年一二月には流産の報道、二〇〇一年四月には妊娠発表、そして同年一二月一日に、第一子として愛子が誕生した。

この間、さまざまな報道があった。女性不妊か男性不妊か、どちらかではないか。生殖補助技術が使われたのではないか。そのような話題も女性週刊誌などには掲載されたが、真実はわからない。機密の保持とタブー視とが徹底されているからである。プライベートな領域に属するはずの妊娠・出産という出来事が、国家システムのなかでおおごととして取り沙汰されること自体、異常な光景である。

ここには、リプロダクティヴ・ライツ（性と生殖に関する権利）もプライバシーの権利も存在しないという点に注意しておきたい。

子産みを徹底的に期待されること。いや、強要されること。そして、皇位継承のために男子を産まなければならないという制度。このように誰かが皇位継承者を産まなければならない制度は、性差別と異性愛主義の産物以外のなにものでもない。

（2）女系・女性天皇の可能性？

また、先述したが、国連女性差別撤廃委員会が予定していた勧告のように、皇位継承権が男系男子に限定され、女性天皇を認めないのは性差別であるとの見解もある。実際には、なかなか皇室に男子が生まれない状況から、小泉純一郎首相時代には「皇室典範に関する有識者会議」が設置され（二〇〇四年一二月）、翌年一一月には報告書が出された。そこには、①女性天皇および女系天皇を認める、②皇位継承順位は、男女を問わず第一子を優先とする、③女性天皇および女性皇族の配偶者も皇族とする（女性宮家の設立を認める）ことなどが記載されたのである。[15]

その後、秋篠宮家に男児・悠仁《ヒサヒト》が誕生した時点で一時期中断されたが、皇室の今後を考え、女性天皇や女系天皇の話題がふたたび登場してきている。日本政府や天皇制を維持したい人びとには、「男系男子」のみに皇位継承権を付与するシステムでは人材不足で皇位継承が断絶するという危機感もある。そこで天皇制を存続するためには女性天皇を認めるべきであるとの議論も生み出されてきた。具体的には、徳仁の第一子である愛子が皇位継承すべきだという意見もある。この場合、天皇制存続が目的であるとは限らず、いわゆる「血統」の近さが強調されることもある。しかし、ここで忘却されているのは、皇室祭祀には、女人禁制が含まれるという点ではないだろうか。たとえば、女性天皇容認論のなかで、天皇を祭祀長とする皇室の宗教については何ら議論されていないことにも注目しておきたい。

また、女性は認めないものの、男系に限定された継承を廃止し、「日本国憲法」制定時に廃止された宮家を復活させるという主張や、皇籍離脱した元皇族女性を復帰させるという主張、あるいは皇室の女性が皇室外の男性と結婚して皇位継承者を生み出すべきだという主張もある。これらは女系という「血統」による天皇擁立の可能性を求める意見でもある。

天皇制は性差別を基盤として駆動していると先に述べた。しかしながら、これまでにもフェミニズムの立場から、女性天皇を認めるべきだという議論もいくつか提示されている。たとえば、先にも引用した加納実紀代も、かつて、皇位継承に内在するあきらかな性差別を放置するのを問題視し、議論喚起のために女性天皇の可能性を提示した。たしかに、現代社会において、性別を理由に継承できない権利があるのは問題ではあるだろう。また、世論も女性天皇の可能性を後押しする。二〇一九年一一月に時事通信が実施した調査によると、皇位継承を「男系男子」に限定する制度を「維持すべきである」としたのは一八・五%にとどまり、「こだわる必要はない」との回答が七六・一%となった。[16] このような状況のなかで、「男系男子」に限定する意味を問われているのも現状である。

しかし、女系天皇や女性天皇が認められたところで、特定の「家系」にのみ固執する世襲制がありつづけることを忘れてはならない。また、子どもを産まなければならないという異性愛主義のシステムでありつづけることも忘れてはならない。特定の性差別の側面だけを取り上げて規定の変更を求める姿勢は、このシステムを問う人びとの分断をもたらすにすぎないのではないだろうか。社会への影響を考慮して女性天皇を認めるべきだという主張は、天皇制というシステム自体が、わたしたちの日常生活と切り離されたものではなく、多大な影響を及ぼす国民管理のシステムとして存在していることの証左でもあるだろう。天皇制を維持するためのシステムや、それを支えるイデオロギーは存続している。それらがはらむ問題が日本社会に横たわりつづけているからこそ、天皇制は廃止すべきであると、わたしは考えている。

では、近代天皇制は、どのようなイデオロギーに支えられてきたのだろうか。次節にてみていくこととしたい。

2 国民統合のイデオロギー装置の構築

「国家」という言葉があてられたとおり、日本の近代化には、国境線によって区切られた「くに」をひとつの「家」として見立て、国民管理をおこなう方法が採用された。このプロセスには、国民管理のためのジェンダーの問題が大きく横たわっている。国家の支柱として近代天皇制が構築された様相から、ここでは①思想体系としての「家族国家観」というイデオロギーと、②そのイデオロギーを支える法制度としての戸籍制度について検討していきたい。

（1）「家族国家観」という観念

まず、家族国家観というイデオロギーについてみていこう。

近代天皇制の成立と同時に家父長制が強化されていくときに用いられたイデオロギーが家族国家観

である。家族国家観とは、国家を、天皇家を中心とする一大家族とみなし、国民管理を支えるためのイデオロギーである。国家というひとつの「家」は、家父長としての天皇とそれを妻として支える皇后を中心に置く。そして、国家を構成する「国民」（＝臣民）は天皇の赤子として位置づけられる。そのような考え方のもと、天皇制を家族道徳と結びつけ、天皇を家長とする「擬似家族」としてみなすイデオロギーが日本の近代化のなかで生み出されていくこととなった[17]。

家族国家観を基盤とした国民道徳論を牽引したひとりである哲学者の井上哲次郎は、「教育に関する勅語（教育勅語）」が発布された翌年に文部大臣からの依頼を受け、解説書『勅語衍義《ちょくごえんぎ》』（一八九一年）を記している。そこにはつぎのような文言が登場する。

国君ノ臣民ニ於ケル、猶ホ父母ノ子孫ニ於ケル如シ。即チ、一国ハ一家ヲ拡充セルモノニシテ、一国ノ君主ノ臣民ニ指揮・命令スルハ、一家ノ父母ノ慈心ヲ以テ、子孫ヲ吩咐《ふんふ》スルト、以テ相異ナルコトナシ

ここに示されているのは、君主と国民（＝臣民）は父母とその子孫との関係になぞらえられている点である。天皇の名による命令が、親が子どもに対して「慈心」をもって「吩咐」（いいつけ）をおこなうことと重ねられる。

先に引用した加納は、家族国家観は、力強い父なる天皇のイメージを中心として広がっていったわけではないと強調する。たとえば、戦時下に高唱された「八紘一宇」というスローガンは「日本の外からみれば明らかな侵略の論理であったが、日本国内においては、かえってそれは『和の精神』にも

とづく〈愛〉の論理であった」という。加納によると、当時、文部省教学部によって国民教育用に編纂された『国体の本義』[18]（一九三七年）に示されていたのは、「家族国家日本の『和の精神が世界に拡充せられ』ることであった」［加納 二〇〇二：一六〇］。天皇を頂点とする家族国家というイデオロギーは、天皇から恩恵として与えられる「愛」というフィクションを用い、それを享受する国民がイデオロギーそのものを支え、再生産していくという双方向のかたちで機能してきたといえる。

また、家族国家観は、家長としての天皇のみならず、まさに皇后が並ぶ「御真影」に象徴されるように、近代的な皇后像もあわせてかたちづくられてきた。「国民の父母」として天皇・皇后が位置づけられる。これは一対の男女カップル像を提示し浸透させることでもあった。すなわち、天皇・皇后という夫婦を一対のものとして中心に据えるイデオロギーは、異性愛主義という規範をもあわせもったものであるといえる。

（2）「戸籍制度」という社会システム

つぎに、そのイデオロギーを支える法制度としての戸籍制度についてみていこう。

先述した家族国家観は、ただ観念として存在していたわけではない。イデオロギーを支えるために戸籍制度というシステムが構築されたのである。

全国統一の国民管理システムとして、人びとを居住する土地に結びつけて把握し、登録しようとしたのが戸籍制度である。この制度によって、「国民」という枠組みがつくられていく。戸籍制度のおおもととして作成されたのが「壬申戸籍」（一八七一年布告、翌年施行）である。政治学者の遠藤正敬は、「壬申戸籍」が「日本人」の秩序化という政治的な目的をもったものであったとし、つぎのような特徴があると述べている［遠藤 二〇一三：一二二―一二四］。

①個人を戸籍に画一的に編入し、天皇に従属する「臣民」という水平関係を具現化すること
②居住地主義による国民の定義
③「臣民」の戸籍登録を通じた神道支配への組み込み

「臣民」とは、君主制のもとで、その君主に支配される人民を意味する。そこには明確な支配―被支配関係の秩序が存在している。戸籍制度は、「臣民」のあいだにある水平関係を具現化することを目的としてはいたものの、しかし、「士農工商」という身分制度の外側に置かれた人びとを「新平民」として位置づけなおした。すなわち、あたらしい記号が付与されただけであり、近代以降も身分秩序による差別は解消されることはなかったのである。また、当初、「壬申戸籍」に組み込まれていなかった北海道や琉球（沖縄・奄美）はその後に組み込まれていくこととなるが、これらの経緯は、戸籍制度がどのように「国民」や「領土」の境界線を形成していったかを明確に示してもいる。

しかし、戸籍制度が機能するには、もう少し時間が必要であった。戸籍制度は、近代国家日本を支えるために、徴兵（軍事）や徴税（国家資金）のための国民管理システムとしてつくられてきた。その基礎単位とされたのは「戸」である。「戸」はかならずしも居住地を意味してはいない。「壬申戸籍」では、土地に結びついた「戸」が想定されていたが、近代化や産業化に伴い、人びとの移動がはじまったため、もはや、土地と人を結びつけるのは不可能になったからである。そのため、あらたにつくられた「明治一九年戸籍」では、「家」という観念が利用され、戸籍は戸主を中心とした家族関係の身分

登録のみが目的とされていくこととなった。現在につづく戸籍制度の確立である。[19]

明治民法が制定されたのは一八九八年である。家長（戸主）とその家族は同じ氏を名乗ること（第七四六条）、婚姻によって妻は夫の家に入ること（第七八八条）などを定めている。父系の血統を重視し、長男が家名や家督、祭祀権を引き継いでいく。このように、国民管理の基礎単位として「家」を置き、男性を家長とする家制度を民法のなかに組み入れていくことで、性別役割分業を固定化したのである。

先にみたように、近代天皇制の根幹には「万世一系」というフィクションが据えられた。男系男子に皇位継承し、男系の「血統」が長くつづくことに価値をみいだすフィクションとしての「万世一系」というイデオロギー。天皇家という宗本家と垂直関係に存在し、まさに天皇を中心とした「国家」を支えるそれぞれの「家」にも、男系の「血統」のなかで長男が家名や土地・財産、祭祀権を継承していく家督相続制度が規定されることとなったのである。[20]

加納実紀代は、近代天皇制とともに形成された家制度について、つぎのように述べる。

すべての国民は「家」に帰属させられ、「家」をつうじて国家に統合されることになった。その国家の代理人として家族を統率管理するのが、長男子を原則とする「戸主」である。「戸主」はつよい男権と親権を背景に、妻や娘を管理することができた。いま女性差別の根源としてフェミニストのあいだで問題になる「家父長制」は、日本の場合、近代天皇制国家体制の代理人としてこうしてつくられた戸主権強化の家制度をさす。［加納 二〇〇二：一八〇］

まさに、私的領域に割り当てられた「家＝戸」を、公的領域に割り当てられた「国家」と相似形をなすものとして把握し、国民管理をおこなっていく際に導入されたのが、戸籍制度である。

戸籍制度とは、夫婦や親子のように身分関係を登録するシステムであると、これまでにも日本政府によって説明されてきた。しかし、戸籍研究者の佐藤文明は、日本の戸籍制度が身分関係登録以外の機能をもち、それゆえに「差別の温床」となってきたことをそのシステムの内部から読み解く。たとえば、外国人や皇族の例が挙げられる。外国籍の場合、戸籍に入れられることはない。そのため、日本国籍保持者と外国籍の人が婚姻関係や親子の関係にある場合、身分証明は戸籍のみでは不可能である。また、皇族の場合、戸籍簿とは別に「大統譜」（天皇・皇后）および「皇族譜」（それ以外の皇族）が存在する。これらをあわせて「皇統譜」と呼ぶ。[21]

なぜ、これらの人びとを分けなければならなかったのだろうか。佐藤は、この分け隔てられた事実から、天皇制と戸籍制度は一対の制度として構築されたと指摘する。両者はただ同列に並ぶものではなく、序列の関係のなかで配置され、相補関係にあるという。たとえば、旧「皇室典範」には、皇族が皇統譜から脱し、戸籍に編入されることを「臣籍降下」と明記されていた。ここには「戸籍と皇統譜との関係」が明瞭に示唆されている［佐藤 一九九六：二三］。すなわち、皇統譜は、「臣民」の登録簿である戸籍の上位に位置づけられるものであるということだ。

佐藤は、この関係にみられるように、戸籍簿は「天皇にまつろう者」が登録されるシステムであることをあきらかにする。佐藤によると、天皇制における「臣民」存在を明らかにし、その「臣民」を「家」として組織することが目的である［佐藤 一九九六：二六］。そこでは「天皇制社会を支配する者は除外され」、外国籍住民のように「天皇制の支配に服さない者（まつろわぬ者）も除かれる」。このような戸籍制度は「天皇制の支配に服す者（まつろう者）だけの登録簿」としての機能をもつものである［佐

藤 一九八八：三七］。夫婦を中心として氏を同じくする人びとをひとつの世帯としてくるように、異性愛に基づく社会秩序の形成としても機能している。(22)たとえば、「天皇にまつろう者」たちは戸籍制度の問題には無意識でいることができる。しかし、そうでない人びとにとっては、明確な支配形態、差別を再生産するものとして感得されつづけている。たとえば、部落差別や婚外子差別、外国人差別などに直面する当事者たちにとって、である。無意識でいられる人びとと、意識せざるをえない人びと。そのギャップにこそ、わたしたちは注目すべきであろう。

(3) 家族政策にみる「家族国家観」の維持

では、このような家族国家観は、太平洋戦争後、憲法および民法改正によって終結したのだろうか。天皇明仁が生前退位の意向を示した理由のひとつに、高齢化による体力の限界という点があった。天皇がメディアでしばしば取り上げられてきたのは、福祉施設の訪問や被災者への見舞い、戦争の記憶への取り組みなどである。歴史学者の河西秀哉は、これらの行為は「日本国憲法に規定された国事行為ではなく、『象徴』としての公的行為の拡大である」とする。それはすでに「『元首』としての概念も含み込んだ上での、『象徴』としての行為」でもあり、結果として、マスメディアの好意的な評価から人びともそれを受容し、意識調査においても「天皇が模索してきた『象徴』としての天皇像を支持している」ような状態を生み出してきた［河西 二〇一六：二七］。

ここで立ち止まっておきたいのは、「あるべき天皇像」として明仁が模索してきた姿が、メディアによって、どのように取り上げられてきたかという点である。天皇の「公的行為の拡大」のなかでメディアが流しつづけてきたのは、明仁が単独ではなく、ほぼ、当時の皇后であった美智子とセットで行動する姿である。すなわち、メディアでは「夫婦」というユニットが示されつづけてきたといえる。皇室関連の報道はつねにこのスタイルであるが、「家族」なるものが前面に押し出され、好意的なイメージづくりが戦略的になされてきている。この点をみても、天皇を中心とする家族主義は再生産されつづけているといえるのではないだろうか。

代替わりした徳仁も、「あるべき天皇像を模索してきた」と表現する明仁の意思をも継承し、天皇の国事行為として明記されない、すなわち法的根拠のない行為をおこなっていくことになるのだろう。「母のひざの上で育った」徳仁と、キャリア・ウーマン出身の雅子という「民主的イメージ」あるいは「あたらしい家族のかたち」はすでにメディアでの表象などにおいて利用されてきている。

同時に、二〇〇四年には「適応障害」として報道された雅子の体調については、二〇一八年には「産後うつ」であったのではないかとの「識者」の見解も発表された[23]。「適応障害」という皇室としての生活全般にわたる背景を「産後うつ」として出産の一時的な出来事として解釈しなおすことによって、代替わりの前に皇后としての公務準備がされてきたともいえるのではないだろうか。夫婦一対で行動することにより、「良い人たち」、「平和」というイメージと同時に、異性愛主義の規範が再生産されつづけていくのだ。

また、近年、「改正」が取り沙汰されている憲法をみても、家族国家観にもとづいた国民国家の形成がめざされていることがわかる。「自民党憲法草案」（二〇一二年）には、前文に、日本が「国民統合の象徴である天皇を頂く国家」であることが記されている。さらに以下のふたつの条項に現行憲法との大きなちがいがみてとれる。

［第一条］天皇は、日本国の元首であり、日本国、日本国民統合の象徴であって、その地位は、主権の存する日本国民の総意に基づく。

［第二四条］家族は社会の自然かつ基礎的な単位として尊重される。家族は互いに助け合わなければならない。（強調、引用者）

ここで提示されるのはつぎのような点である。天皇は、ふたたび「元首」とされる。また、現行の法律には、「家族」を定義する文言は存在しないにもかかわらず、ここでは「基礎的な単位として尊重される」うえに相互扶助のユニットとしても規定される。

この草案に示される思想は、ほかの施策においても同じ傾向がみられる。たとえば、つぎのような例をあげることができるだろう。夫婦同姓制度の合憲判決（二〇一五年一二月一六日）では、「家族」の呼称をひとつに定めることが合理的だと最高裁で判断された[24]。家族が同じ氏《うじ》のもとにかたちづくられる一体感は相互扶助を「絆」という精神性で支えるために、政府に都合が良いのだろう。そして、その「絆」は、法的にいずれの氏をも選択できるのに、現在、九〇％以上が夫の氏を選択する現実から、家制度の慣習がいまも残存していることを忘れてはならない。

また、もうひとつ例をあげておく。「女性活躍推進法」（二〇一六年四月施行[25]）は、基本原則として、つぎのように明記している。

女性の職業生活における活躍の推進は、職業生活を営む女性が結婚、妊娠、出産、育児、介護その他の家庭生活に関する事由によりやむを得ず退職することが多いことその他の家庭生活に関する事由が職業生活に与える影響を踏まえ、家族を構成する男女が、男女の別を問わず、相互の協力と社会の支援の下に、育児、介護その他の家庭生活における活動について家族の一員としての役割を円滑に果たしつつ職業生活における活動を行うために必要な環境の整備等により、男女の職業生活と家庭生活との円滑かつ継続的な両立が可能となることを旨として、行われなければならない。（第二条二／強調、引用者）

ここで想定されているのは、結婚・妊娠・出産・育児・介護という家庭における性別役割と職業生活を両立する女性である。すなわち、女性全般ではなく、結婚・出産というライフコースをたどる女性が前提となり、法律が策定されていることに注目しておきたい。そして、そこで想定される「家族」とは、主たる稼ぎ手である男性と、その男性を家事・育児も含めて支えながら職業生活をもおこなう女性という夫婦を中心とするものである。この「家族」想定自体が、性別役割のうえにのっとったモデルでもある。すなわち、異性愛主義という社会規範のもとに想定されている「家族」というユニットなのである。

3 〈レズビアン存在＝反天皇制〉の理念的可能性

天皇制のシステム自体もそれを支えるイデオロギーも性差別の温存装置であると指摘されてきた。つまりは、女性に対する差別を色濃く内包していると批判されてきた。しかし、そこで語られる「女性」とはいったい誰を指すのだろうか。想定されている多くは、無意識のうちに異性愛の女性たちであったのではないだろうか。

かつて筆者は『社会学事典』の「クィア」の項目につぎのように記した。

> さまざまな規範を問題化するという「クィア」の意味の流用や対抗概念としての使用という歴史的経緯を踏まえるならば、今後、日本独自の社会構造の問題――民族／人種や植民地主義、国民国家という概念や天皇制の問題など――をも射程に入れたクィア・スタディーズの可能性を模索していくことが求められているともいえる。［堀江 二〇一〇］（強調、引用者）

国民国家の統合システムとして近代に導入された天皇制は、ただ社会制度として法に書き込まれているだけではない。現在も社会における意識や慣習に大きな影響を及ぼしているのだ。では、クィア・スタディーズの観点から天皇制を考えるとは、どのようなことなのだろうか。本章で考えたいのは、天皇制が性差別であると同時に、異性愛主義という規範を内包していることであった。この点についてはくりかえし述べてきた。わたしたちの生きる社会が、異性愛主義という性規範をいかに内包しているのかを考えるために、さらにあゆみを進めたい。

わたしたちは社会生活を営む以上、その社会構造に埋め込まれたジェンダー構造から逃れることはできない。権力関係を介在させた男女二元論の社会のなかには、異性愛主義という性規範が存在する。すでに崩壊していると指摘されて久しいが、高度経済成長期に広がった日本社会における労働の形態は、もともと男性中心モデルであった。そのモデルは、一方で男性が〝外で〟賃労働に従事し、生涯のための「家族賃金」を獲得し、他方で女性が〝内で〟労働者の生活を家事や育児、さらには介助を含めて無償労働を負担して支えることを前提としていたのである。このモデルに沿って、一九八〇年代にも年金改革などがおこなわれてきた。

一九八五年には第三号被保険者が制度化され、サラリーマンと専業主婦への優遇措置が採用されるようになった(26)。すなわち、女性が正規労働市場の中心から疎外されることによって、男性モデルとしての「企業戦士」が形成されてきたといえる。もちろん、言うまでもないが、「主婦」がまったく賃金労働をしてはならないという話ではない。優遇対象には年間の賃金に上限が設けられたということである。それは経済的に自立できる額ではない。であるからこそ、「企業戦士」の男性を支える補助的な位置が女性の役割とされてきたのである。

一九八〇年代の年金改革などによって法的にも後ろ盾がなされていった後、一九九〇年代にはあらしい性別役割分業体制が固定化されたかたちでさらに広がっていく。前節で触れた「女性活躍推進法」に示唆されるような、女性が家事や育児のほか、家計収入を補助的に支えるためにパート労働をおこなうパターンである。妻が被扶養者として、短時間で一定の収入を越えなければ、夫に年金や税金の優遇措置がなされる。雇用する側は短時間の低賃金労働の方がコストが少なくて済む。このような状況のなか、低賃金労働者が増加してきたのである。このような形態は、労働力の維持と再／生産のシステムとして異性愛主義の装置で維持される。

さて、男女のカップリングをなさない「レズビアン」は、このような労働力の維持と再生産のシステムのなかで、役割分担を振り当てられえない存在ととらえることができるのではないだろうか。

先にみてきた「男系男子を産む」ことを期待される皇室の女性たちを読み解くとき、そこに横たわっているのは、このような「レズビアン」とは対極のポジションであることがわかる。もちろん、皇室の女性に対して求められる期待や規範が、日本社会における一般市民に適用されるわけではない。しかし、マスメディアで流されつづける皇室の家族規範のモデルは、確実に、社会的な影響を及ぼしているともいえるであろう。

この対極に置かれるポジションから浮上してくるのは、つぎのような解釈可能性ではないだろうか。すなわち、理念的にとらえれば、「レズビアン」とは、男系を中心とする嫡出子——婚姻関係にある男女（夫婦）から〝正しく〟生まれる子——を産まないという意味において、そのシステムからは排除される存在である。嫡出子を産まないということは、家族国家の構成要員として認識されないということでもある。

もちろん、日本社会のなかに生きるレズビアンたちが、このような考え方を共有しているわけではない。むしろ、承認をえるために、積極的に、統合され利用される身体を模索していく方向性もみられるだろう。たとえば、「家族」というかたちを強調することによって。そのために法的承認を求めていくことによって。[27]そこには色濃く、国民統合への一体化という誘惑が横たわってもいるのだ。それでもなお、「レズビアン」という存在が男系の嫡出子を産む可能性がない、という点から、理念的に、以上のような解釈が導き出されることをここでは確認しておきたい。

おわりに——今後の課題

本章では、天皇制という日本独自の社会制度を読み解くことによって、そこに横たわるジェンダー／セクシュアリティの問題をみてきた。

一九七三年から五年に一度、ＮＨＫによって実施されている「日本人の意識」調査には、その項目のひとつに「天皇に対する感情」がある。二〇一八年の調査では、「天皇制に関する感情」について、「尊敬」が四一・四％、「好感」が三五・八％という数字が提示されている。確実に支持はあがり、天皇制の問題を語りにくくしている社会がある。

また、社会における意識の問題として、女性天皇を認めるべきだとの声もふたたび高まりつつある。皇位継承に性別による制限を設けていることはたしかに性差別である。しかし、本章でみてきたとおり、天皇制という社会制度自体が、性差別や異性愛主義を内包する以上、女性も同等に皇位継承することができるようになったとしても、残存し、むしろ再生産されつづける差別や排除の問題があることを忘れてはならない。そのためにも、日本社会の根幹に存在しつづける天皇制という統合原理を問いつづける必要があるのではないだろうか。

註

（1）ただ、天皇の代替わりや改元によって「時代」を区切る見方にも注意が必要であろう。二〇一九年五月一日からの改元（元号の変更）が決まっていながら、新元号が発表されたのはひとつき前の四月一日であった。前年終盤にはカレンダーや手帳など混乱した業界が多くあったことは覚えておかなければならない。代替わりごとに改元する近代以降の天皇制は、まさに「時の支配」を伴うものでもある。

（2）大嘗祭とは、代替わりした新天皇がその年の穀物を神にささげ、共食したうえに「霊」を受けつぐ儀式である。一晩にわたる儀式を経て天皇となる過程が完成するとされる。ただし儀式の詳細はあきらかにされていない。このような大嘗祭が本格的に復活したのは、「現人神《あらひとがみ》」として神格化された明治天皇の時期である［遠

藤 二〇一九：二六三］。大嘗祭の歴史については［小倉・山口 二〇一八］に詳しい。

（3）ここに記されている憲法条文はつぎのとおりである。

第一条　天皇は、日本国の象徴であり日本国民統合の象徴であつて、この地位は、主権の存する日本国民の総意に基く。

第一九条　思想及び良心の自由は、これを侵してはならない。

第二〇条　信教の自由は、何人に対してもこれを保障する。いかなる宗教団体も、国から特権を受け、又は政治上の権力を行使してはならない。

二　何人も、宗教上の行為、祝典、儀式又は行事に参加することを強制されない。

三　国及びその機関は、宗教教育その他いかなる宗教的活動もしてはならない。

第二一条　集会、結社及び言論、出版その他一切の表現の自由は、これを保障する。

二　検閲は、これをしてはならない。通信の秘密は、これを侵してはならない。

第八九条　公金その他の公の財産は、宗教上の組織若しくは団体の使用、便益若しくは維持のため、又は公の支配に属しない慈善、教育若しくは博愛の事業に対し、これを支出し、又はその利用に供してはならない。

（4）二〇一九年の代替わりには、一連の行事に一六六億円もの予算が計上されるとの報道が前年にあった。一晩の儀式を終えれば取り壊す大嘗宮には一九億円もの費用が費やされるとのことであった（「皇位継承費用、『平成』の三割増　大嘗宮には一九億円」『日本経済新聞』二〇一八年一二月二一日　https://www.nikkei.com/article/DGXMZO39280670R21C18A2EA3000/（二〇一九年一〇月三〇日最終閲覧）。

（5）いわゆる「象徴としてのお務めについての天皇陛下のおことば」。このメッセージは宮内庁のホームページに動画および全文テキストが掲載されている。　https://www.kunaicho.go.jp/page/okotoba/detail/12（二〇一九年一〇月三〇日最終閲覧）。このメッセージで示されたのは「退位を含め皇室の在りようを論議してほしいという意向」であったにもかかわらず、政権が退位の願望として受け取り、忖度し、代替わりがおこなわれていった。この点について、長年障害児教育に従事してきた北村小夜は、「七〇年経っても大日本帝国憲法・教育勅語から脱出できず、主権在民が身に着かない」状況であると指摘し、「平成の人間宣言」「平成の玉音放送」と表現されてきたことにも触れている［北村 二〇二〇：二〇八］。

（6）二〇一七年から二〇二〇年にかけて一連の代替わり儀式や関連行事が実施されるなか、抵抗や抗議のために期間限定で「終わりにしよう天皇制！『代替り』に反対するネットワーク」（おわてんねっと）という首都圏を中心とした諸団体ネットワークが立ち上げられた［おわてんねっと 二〇二一］。そこから例示するだけでもつぎのような出来事があった。立川自衛隊監視テント村が所有するワンボックスカーがデモにでかけようとしたところ、運転席に人が乗っている状態で右翼団体から襲撃され、フロントガラスが割られたほかフロントグリルなどが破壊されたケース。そこには機動隊や警察官がいたが、右翼の襲撃行為が止められることはなかった（二〇一七年一一月二三日）。また、五五〇名ほどが参加した即位礼反対デモ（二〇一九年一〇月二二日）において、機動隊がデモ参加者の耳元で大声をあげ、身体を押したうえに三名を「不当逮捕」したケース。この場合、後に準抗告によって認められてしまったものの、東京地裁はいったん勾留請求を却下している。とくに政治的な弾圧事件では、勾留請求の却下という前例はほとんどなく、逮捕が「不当」であったことが示唆されるような出来事であった［堀江 二〇二〇 a］。

（7）皇室の人びとには、つねに最上敬語が使われていることにも注意しておきたい。「生前退位特例法」もほかの法文には存在しないような言葉で構成されている。天皇や皇室を特別な存在として、政府もメディアも扱いつづけていることは何を意味するのであろうか。

（8）たとえば、女性史研究では加納実紀代［一九七九、二〇〇二など］や鈴木裕子［二〇〇二、二〇〇六、二〇一九など］、早川紀代［一九九八、二〇〇五など］らの研究、表象研究では北原恵［二〇〇一、二〇〇四など］や若桑みどり［二〇〇一など］らの研究を挙げることができる。また、社会運動では、「女性と天皇制研究会」が二〇〇二年に発足し、首都圏での集会実施や反天皇制運動との連携を担ってきた。

（9）神武天皇を初代として確定していった皇統譜は、後にみるように暫定的な完成に至るまでに半世紀近くの時間を費やしている。それほどに系譜の確定が困難であったことがわかる。「万世一系」の思想を含む旧皇室典範の形成過程については憲法学の観点から記された奥平康弘の研究に詳しい［奥平 二〇〇五］。

(10)大日本帝国憲法と(旧)皇室典範は一八八九年に制定された。「明治」がはじまってから二一年後である。これらの成立過程では、近代国家の支配イデオロギーとして宗教的権威を天皇にもたせることがひとつの目的として置かれた。翌年一八九〇年には「教育勅語」が定められ、後にみるように、学校教育における天皇制の国体護持体制が構築されていく。この支配システムは、排外主義を伴って構築された。具体的には、沖縄と旧植民地出身者に対する政策である。憲法第一章とバーターにGHQが第九条(戦争放棄)を明記した。沖縄を軍事占領させることを昭和天皇はGHQに約束(一九四七年九月一九日沖縄メッセージ)。同時に、日本国憲法施行の前日、一九四七年五月二日に最後の「勅令」による「外国人登録令」が出されたことも忘れてはならない。この登録令により、「台湾人のうち内務大臣の定める者及び朝鮮人は、この勅令の適用については、当分の間、これを外国人とみなす」とされ、国籍を一方的に剥奪され、治安対象とされた。天皇制維持と沖縄や外国籍住民に対する処遇をあわせて考えると、日本という国民国家が何を求めているのかがわかるのではないだろうか。次節にて考察する。

(11)皇室典範に記される女性・女系天皇の問題については、二〇〇三年の第四・五次日本政府レポートの審議においても取り上げられた。

(12)総括所見は、委員会での採決後、公表前に事実関係の確認のために締約国に送付され、二四時間以内に修正希望が受け付けられる。削除の報道をおこなったのが読売新聞だった。当時、女性差別撤廃委員会の委員であった林陽子は、原則として締約国と国連スタッフのやりとりでしかないものをどのように取材したのか不明であると述べている[国際女性の地位協会 二〇一九:九]。

(13)「国連女子差別撤廃委、皇室典範見直し要求:日本抗議で削除」『日本経済新聞』(二〇一九年三月九日)https://www.nikkei.com/article/DGXLASFS09H04_Z00C16A3EAF000/(二〇一九年一〇月三〇日最終閲覧)。

(14)ここでは規範から外れた性を生きる人びととは、後にみるようにレズビアンなど異性とつがわないライフスタイルを選択する人びとや、戸籍の性別変更に手術要件を課されているトランスジェンダーの人びとなどを想定している。また、優生保護法によって、強制不妊手術を受けさせられた人びとの置かれた状況は、「産む性」の強要と対極に「産んではならない性」として位置づけられてきたことにも注意しておきたい。

(15) 婚姻制度を利用するには戸籍が必要となる。後述するように、皇族は戸籍簿には記載されていない。女性皇族が皇族以外の男性と婚姻関係をもつ場合には、新戸籍を編成しなければならず、皇室離脱をすることが「皇室典範」では規定されている。すなわち、婚姻後も皇族として残り、かつ配偶者を皇族とするということは「皇室典範」の改定を求めるものである。

(16) 皇位継承に関する時事世論調査（二〇一九年一一月八〜一一日）は全国の一八歳以上の男女一九八六人を対象に個別面接方式で実施されている。 https://www.jiji.com/jc/article?k=2019111500797（二〇一九年一〇月三〇日最終閲覧）。

(17) あたらしい「家族」イメージが提示され、国家体制と重ねて「国民」意識が構築されていく様相について、歴史社会学の観点から分析した牟田和恵［一九九六］や、近代国家と家族の関係を日本とフランスの事例から比較分析した西川祐子［二〇〇〇］の研究がある。また、浄土真宗の家制度を分析しながら、近代天皇制の影響を考察したものとして源淳子［二〇二〇］の研究を参照されたい。

(18)『国体の本義』は当時の文部省教学部によって国民教育用に編纂されたものである。

(19) 現在、日本国籍をもつ人びとは、戸籍簿と住民基本台帳によって二重管理されている。選挙、年金、健康保険、義務教育などほとんどの住民サービスは住民基本台帳をもとにおこなわれる。住民基本台帳は、戸籍が居住実態を示す機能を失ってから、本籍地を離れてほかの土地へ移住する人びとの居住関係を把握し、管理するために制定された「寄留法」（一九一四年）が出発点である。この法律は「住民登録法」施行（一九五二年）の際に廃止され、一九六七年には「住民基本台帳法」とかたちをかえている。

(20) ただし天皇家とは異なり、形式としての「家」を継承することを目的とする戸籍制度には、養子が容認されている。

(21) 皇統譜は「明治」初期に整理が開始され、ようやく法制化されたのは一九二六年である。半世紀近くの時間がかかっている。注（9）を参照のこと。

(22) 戸籍制度自体がもつ問題と、その制度を基盤とした婚姻制度の問題については「反婚」という観点から拙著で考察したのでご参照いただきたい［堀江 二〇一五：第二部］。

(23)『女性セブン』二〇一八年一〇月一八日号、など。

(24) この判決では、夫婦同氏を強制する民法第七五〇条が、婚姻時に「氏の変更を強制されない自由」が憲法上の権利として保障される人格権の一内容とはいえないこと、夫婦同氏制それ自体に男女間の形式的な不平等が存在するわけではないことなどを理由に、憲法第一三条、憲法第一四条一項、憲法第二四条のいずれにも違反していないと最高裁が示すこととなった。ただ、一五人の判事のうち少数意見として五人が違憲との判断であった。女性判事三人はいずれも違憲判断を提示している。

(25) 正式名称は「女性の職業生活における活躍の推進に関する法律」（二〇一五年九月成立）。

(26) 同年、労働者派遣法が成立したこともあわせて考えるべきであろう。このように雇用破壊がおこっていくさきがけとなった。

(27) もちろん、異性カップルのみに付与されている婚姻制度へのアクセスの権利（同時に義務）が同性カップルには認められていないという点では平等の原則に反すると考えられる。その意味において、筆者は婚姻平等を進める議論や活動を否定しているわけではないことは強調しておきたい。婚姻制度に則る人びとの同氏強制の制度も含め、現行の婚姻制度の問題点についても同時に検討していく必要があるだろう。また、本章では触れることができていないが、子育てをする同性カップルの動きが日本でも顕在化しつつある。同性カップルが育てる子どもたちを、法は、あるいは社会はどのように位置づけるのかを思考することも今後の課題としたい。

参考文献

遠藤正敬［二〇一三］『戸籍と国籍の近現代史――民族・血統・日本人』明石書店。

――――［二〇一九］『天皇と戸籍――「日本」を映す鏡』筑摩書房。

奥平康弘［二〇〇五］『「萬世一系」の研究――「皇室典範なるもの」への視座』岩波書店。

小倉慈司・山口輝臣［二〇一八］『天皇の歴史九――天皇と宗教』講談社学術文庫。

おわてんねっと［二〇二一］『終わりにしよう天皇制――二〇一六→二〇二〇「代替わり」反対行動の記録』。

加納実紀代［一九七九］『女性と天皇制』思想の科学社。

――――［二〇〇二］『天皇制とジェンダー』インパクト出版会。

――――［二〇一八］『「銃後史」をあるく』インパクト出版会。

河西秀哉［二〇一六］「戦前から揺れ動いてきた近代天皇制――『おことば』が突きつけた象徴の意味」『Journalism』二〇一六年一一月号、朝日新聞社。

北原恵［二〇〇一］「表象の政治学――正月新聞に見る〈天皇ご一家〉像の形成と表象」『現代思想』二九（六）、二三〇―二五四。

――――［二〇〇四］「国家の境界線上で「皇室改革」という言説――宮内庁ホームページに見る皇室表象」『現代思想』三二（七）、二二八―二三七。

北村小夜［二〇二〇］『慈愛による差別――象徴天皇制・教育勅語・パラリンピック（新装増補版）』梨の木舎。

国際女性の地位協会［二〇一九］「林陽子さんへのインタビュー――女性差別撤廃委員会委員としての一一年間の活動を振り返って」『国際女性』三三、五―一一。

佐藤文明［一九八八］『戸籍うらがえ史考――戸籍・外登制度の歴史と天皇制支配の差別構造』明石書店。

――――［一九九六］「象徴天皇制にとって戸籍とは何か」戸籍と天皇制研究会編『戸籍解体講座』社会評論社。

鈴木裕子［二〇〇二］『天皇制・「慰安婦」・フェミニズム』インパクト出版会。

――――［二〇〇六］『フェミニズム・天皇制・歴史認識』インパクト出版会。

――――［二〇一九］『天皇家の女たち――古代から現代まで』社会評論社。

西川祐子［二〇〇〇］『近代国家と家族モデル』吉川弘文社。

早川紀代［一九九八］『近代天皇制国家とジェンダー――成立期のひとつのロジック』青木書店。

――――［二〇〇五］『近代天皇制と国民国家――両性関係を軸として』青木書店。

菱木政晴［二〇一九］「宗教としての天皇制を考える」『季刊ピープルズ・プラン』八四、五四―六一。

堀江有里［二〇一〇］「クィア」『社会学事典』丸善出版。

――［二〇一五］『レズビアン・アイデンティティーズ』洛北出版。

――［二〇二〇 a］「『国家と教会』論・再考――天皇代替わり時代におけるキリスト教会の責任」花園大学人権教育研究センター『人権教育研究』二八、四九―七四。

――［二〇二〇 b］「天皇制とキリスト教への一考察――身分制度・性差別・異性愛主義」『キリスト教文化』一五、五五―七三。

源淳子［二〇二〇］『仏教における女性差別を考える――親鸞とジェンダー』あけび書房。

牟田和恵［一九九六］『戦略としての家族――近代日本の国民国家形成と女性』新曜社。

安丸良夫［二〇〇七］『近代天皇像の形成』岩波学術文庫。

若桑みどり［二〇〇一］『皇后の肖像――昭憲皇太后の表象と女性の国民化』筑摩書房。

クィアコミュニティと性暴力

岡田実穂

なぜ性暴力被害にあうのか。その問いに答えを出すならば、加害者が加害をしたということに尽きる。社会が規範的に被害にあった人を責め立てるように、派手な格好をしていた、夜道を1人で歩いていた、誘う様な態度をとっていた、嫌だと明確に言えず流されやすかった、などの言葉をかけ、被害にあった人自身が自分を責める理由を植え付けられてしまうようなことがあったとしても、それが性暴力被害にあった理由ではない。性暴力が起きる最大の要因は加害者が加害をすることに尽き、加害が起きたことの原因を被害当事者に押し付けることは単に加害者の行為や他者を害する言動を社会が容認することになる。私はこれに、いつまでもNOを言いたい。

そして、性暴力は被害・加害者の性のありように関わらず発生している。性暴力被害者とは誰のことかという時に、そこで異性愛で性別違和のない「女性」だけを想像するのであれば、そこには捨象されたサバイバー（被害を生き抜く人）たちがいる。あらゆる年齢、性別、性的指向、性表現、性的特徴、職業や人種、家庭環境、言語、居住地域の違いや、障害の有無等に関わらず、加害者、そして被害にあう人もいる。

強姦罪が強制性交等罪へと変わり、被害・加害者の性別を問わないものとなった今もまだ、「女性限定」であることを掲げる相談窓口を見聞きする。女性限定であるということは女性の権利向上の視点から見れば「勝ち取った権利」であり、社会的な表明でもある。女性問題というメガネで被害にあった人を見れば、サバイバーは男性主導の社会に虐げられた性的侵害の犠牲者であるという側面があるのは事実だ。そして女性が女性として相談をし、女性たちの中でエンパワーされ、安全・安心の中で回復に向かうということの重要性を無視するつもりもない。女性のことだけを考える場、女性の権利のために闘う場が、この社会には依然必要である。しかし、性暴力の実際は、ジェンダーを超越する。ジェンダー格差がどれだけ縮まっていったとしても性暴力の被害が無くなるとは言えない。性暴力被害はジェンダーの問題だけで発生しているわけではないからだ。

暴力とは何か考えてみたい。圧倒的な「力」で他者を虐げるためには何が必要だろうか。自分より強い者を暴力で押さえつけるのは難しい。しかし圧倒的な体格差や力量の違いがあるとしても、例えば相手が知的障害をもつ人であったらどうだろう。相手がもつ圧倒的な「弱み」を掌握していたらどうだろう。「暴力」には対等ではない何らかの事象が関与する。性差というのは、この社会の中でその典型的なものだ。弱みとは人によって感じ方が異なるものだが、精神・知的・身体障害、さまざまな疾病、貧困、家庭環境、被差別部落、学歴、職業、人種、年齢、性別や性的指向、性表現や性的特徴等、さまざまな事象がそれぞれに「弱み」になり得ることは想像に易い。そこに「差別」が介在すれば、尚のこと。暴力の発生には解消されないパワーバランスの差異がある。その中で、性は暴力のツールとして悪用されている。性にはそもそもスティグマがあり他者に開示しにくいものであることが加害のツールとなる理由の一つだろう。スティグマは被害者に寄せられる。「お前が悪いのだ」といとも簡単に加害者はサバイバーたちに刷り込む。なぜそれが可能なのかと言えば、学校で、家庭で、社会で飽きる程消費されている性暴力に関する誤解や無知故の言動が既に、サバイバー自身にも刷り込まれているからだ。本来「加害者が加害をした」ということでしか無い暴力に、例えそれが自分自身を苦しめる「自己否定」につながるとしても、自分自身に理由づけをしようとするサバイバーもいる。

「私が〜だったから」。例えそのことに長い年月、苦しめられるとしても、理解できない事柄は、人を脅かす。

私は性暴力を「女性問題」と思ったことがない。理由は、女性を含む、さまざまな属性をもつ人たちが、性暴力被害にあうということを実際に見てきたからに他ならない。性暴力を語るとき、私は被差別部落に暮らす人たちのことを思い出す。アメリカでクライシスセンターを始めたアフリカ系アメリカ人のサバイバーたちを思い出す。障害をもつ人たちを思い出す。貧困家庭に暮らす人を思い出す。法や社会規範の中で安全な環境で働くことが出来なかったセックスワーカーたちを思い出す。女性シェルターで暮らすトランス女性を思い出す。シェルターも無くなんとか見つけた避難先で涙を流した男性を思い出す。もうコミュニティには戻れない、とポツリと話したゲイ男性を思い出す。「男性の相談は聞けない」と相談電話を切られたトランス男性を思い出す。「女同士なのだから仲直りして」と警察から加害者の待つ家に帰されたレズビアンを思い出す。どうしても部活辞めたくなかったんだという男子高校生を思い出す。それが愛だと思っていたんだとコタツで寝ながら泣いていた、自殺した仲間を思い出す。レインボーカフェ（二〇一二〜二〇一四年に毎月東京で開催していたLBT女性レイプサバイバーのためのお茶会）でたくさん聞いた、彼女たちが既存の組織の相談事業から排除された瞬間を思い出す。私はこれを、女性問題と名付けず、「性暴力」と呼んでいる。

現在再改正議論の最中であるが、刑法・強制性交等罪においては陰茎挿入という行為が介在することが法律の適用の決め手となる。ここには「血統」の問題がある。前・強姦罪制定当初の時代背景を考えれば、女性が生きるための権利以前に家制度の保持が重要課題であったことは想像に容易いだろう。

強姦罪が改正され、強制性交等罪が施行された二〇一七年、大々的に「強姦罪、性差撤廃。大規模改正」とニュースになった。しかし、未だに陰茎挿入のみを要件にしていることや、パートナー間における被害を明確に否定していないこと、そして女性器を性器として見做していないこと（男性器を口に含むは該当するが、女性器を口に含むは法に適用しない）、レイプシールド法（性暴力の出来事自体に無関係な個人情報を裁判の証言に採用しないための法律）もなくアウティングを予防することもサバイバーたちの性的な経験を裁判に採用しないことも出来ないなど、様々な課題が山積していることを語る人は少ない。

「女性問題」として語る性暴力被害の実態が、ここでも捨象された人々を振るい落とし続けている。「性暴力撲滅」というのは簡単だが、性暴力は無くならない。ただ、性暴力サバイバーは、いつだって私たちの暮らす社会に生きている。泣いたり、時に苦しみ、ふさぎ込むこともあるだろうが、この社会をサバイブしている。

二〇二一年末、強制性交等罪の再改正議論の最中にこの原稿を書いている。議論が進まない、などと生やさしい発言をしている場合ではない。クィアコミュニティにとっての、踏ん張りどころなのだ。まだまだ、より良い性暴力サバイバーサポートや法制度には不足がある。「活動」というものがリアリティをもって、性暴力に立ち向かう時なのではないだろうか。性暴力について考える、実践するのは容易いことでないかもしれない。ただ、どうか想像してみて欲しい。私たちの生きる社会に性暴力は存在する。クィアコミュニティでも、そうでなくても。そして、クィアコミュニティに性暴力サバイバーが多いことは、各国の調査で裏付けされた事実である。全ての性暴力サバイバーが生きやすい社会を作りたい。

第七章　家族の物語からのクィアな逸脱
角田光代『八日目の蝉』にみる時間と空間

長山智香子

はじめに

家族や性愛が小説や映画で描かれるとき、時間を物語を織りなす情感の主要素として着目すると何が見えてくるだろうか。たとえば帰郷の際に昔を思い出す主人公の心の動きは、まるで過去が現在であるかのような錯覚を伴うかもしれない。翻って、何らかの理由で家族や祖国に戻れなくなった悲劇的な結末は、不安な張り詰めた気持ちによって時間が止まったように感じるだろう。あるいは二人の出会いからはじまる異性愛の恋愛ドラマは、結婚（'happily ever after.'）へと向かう直進的な流れを前提とし、二人の仲違いや恋敵の登場は自然なあるべき経過を妨げる障害物として認識され、物語に刺激を与える。憧れの人への接近とそこから予期される幸福な結末が現在から未来に伸びる流れに沿っているとすれば、帰郷の物語では懐かしい、あるいは切ない気持ちが過去へと遡る時間に伴うだろう。いずれにしても、いまだ家族ではないがいずれそうなっていくとか、または昔属していた家族にまた戻っていくという方向で、あるべき家族の結びつきは時間の流れのイメージと不可分のものとして捉えられがちだ(1)。

角田光代の『八日目の蝉』[二〇〇七]は異なった世代を代表する二人の主人公に焦点を当てる。彼女らは常に移動の途上にあって、複数の「家族的なもの」を通過あるいは経験していく。安定や定住とは無縁の場所、典型的な家庭とは異なった一過性の場所——たとえばラブホテル、新興宗教のコミューンやコンビニエンスストア——が、子育てや親密な関係の舞台となる。本章はこの小説を「クィアな時間性(queer temporality)」に関する研究視角を借りて読み解こうとするものである[Freeman 2007 : 159]。

総じて時間に付与される意味と感傷(sentiment)の型は、直接的であれ間接的であれ、人をジェンダー化する文化的規範と不可分である。だからこそ、大衆文化の中で様式化されてきた時間、感傷と家族イメージの結びつきを批判的に読み解くことが、文化批評の戦略として現れたのだ。歴史という集合的な営みの記述から身体や家族にまつわる言説まで、社会にとって「普通」と認識されるあり方は直進的な時間感覚に沿って構成されており、異端とされる性愛関係は時代に遅れている(「野蛮」)、あるいは進みすぎている(「ついていけない」)と意味づけされてきた。また「思春期」や「早漏」といった性に関わる表現は、医学のような外的仕掛けによって身体の時間が比較可能になって、個々人が自然に感じるものとして内面化されることを暗示している[Freeman 2007 : 160]。これら制度化した時間に対峙する形で、クィアな時間は「誕生、結婚、出産、死といった人生経験の枠組みを構成する目印に当てはまらない」ライフスタイルに基づいて関係性と将来を想像しながら模索される[Halberstam 2005 : 2]。すなわち社会で規範的・標準的となった時間感覚を批判的に相対化することによって、クィアな時間性の研究は「身体や関係性(あるいは非-関係性)を構築する方法としての時間操作」を探究する[Freeman 2007 :

159］。竹村和子が言うように、「批判的読みは、個人的営為とみなされている文化表象の受容と生産を、政治の場に再び置きなおすこと、個人の感受性（センシビリティ）と考えられていることの社会的応答性／責任（レスポンシビリティ）を思考することである」［竹村 二〇〇八：六］。これまで社会科学者たちが近現代の親密圏やセクシュアリティを論じるときには、資本主義による空間と労働のジェンダー化や国民国家の成立と関連づけて考察することが多かった［上野 一九九〇；ギデンス 一九九五；西川 二〇〇〇］。本章はこの従来の分析方法に、個人的で自然なこととされてきた時間感覚と感情の様式化という切り口を加えることによって、家族の社会性に関する批判的考察をさらに深めることを目的としている。とくに作品中に想像・創造された非直線的な動きと時間に着目しながら、規範的家族の物語様式から逸脱するような身体や親密さ、すなわちクィアな叛乱を読み解くことを可能にしていきたい。作品の一章と二章の連続性と非連続性にも着目しながら、家族に対する批判的創造の営みを読み解いてこう。

1　作品の概要

多作なベストセラー作家の角田光代は『対岸の彼女』［二〇〇四］の直木賞をはじめ数々の受賞歴がある。二〇〇五年一一月から二〇〇六年七月まで読売新聞夕刊に連載され、単行本として二〇〇七年に中央公論新社から出版された『八日目の蝉』は二〇〇七年に中央公論文芸賞と泉鏡花賞を受賞し、二〇一〇年にNHKで六回連続のドラマシリーズ化され、二〇一一年の映画は松竹の配給で全国公開された。これまで読売、朝日、毎日、日本経済新聞に連載をもったことを鑑みれば、角田の小説が右・左派を問わない広い読者を魅了してきたことは想像に難くない。複数の登場人物に異なった視点から物語らせる手法や、繰り返し家族や母性をテーマに描いてきたことも人気のひとつの要因だろう。新しい親密性と家族のコードを生み出すことに加えて、『八日目の蝉』は母性をめぐって女性身体に押し付けられた生物学的決定論を問う。二〇一一年のインタビューで、角田は二〇〇六―二〇〇七年に頻繁だった児童虐待のニュースに焦点を当て、「実の母親なのになぜ虐待ができるのかという論調が非常に多いが、そこで父性は問われないのだろうかとか、母性というものをあまりにも当たり前に女性に押し付けているのではないか。そのことが女性たちを苦しめているのではないか」と語った。「周りがあまりに母親とはこういうものだと決め付けているだけに、子供をかわいく思えないと自分は母親失格だと、無言のプレッシャーに追い詰められている女性は多いのではないか」と角田は過剰な報道の裏にある社会通念を批判した［リーズ 二〇一二］。

『八日目の蝉』は女性身体を取り巻く通念の外部にあるユートピアを模索するというよりも、家族や母性についての現行の社会規範や個人的感情が成り立つための条件を暴き出すという方法を取る。例えば小説前半の主人公である野々宮希和子は母性の理想化を真っ向から否定するのではない。乳児の泣き声に呼びかけられ、本人の意図に反して――むしろごく真面目な、よい母親になりたいとする気持ちを呼び起こされて――、赤ん坊を道連れにし規範的な境界線を次々と越えることになるのだ。後半は主人公恵理菜が予期せぬ妊娠から子供を産む決心をする過程と、過去の記憶を共有する千草と信頼関係を育む過程を並行して描く。

希和子の視点から語られる前半部、一章の物語は一九八五年、会社員の元愛人とその妻がアパートを留守にしている隙に六カ月の子供を連れ出すところから始まる。事実上の誘拐であるが、逃避の道すがら希和子が「薫」と名付けた赤ん坊の扱いに慣れ、子の方も希和子に懐いていく様子は、犯罪性の暗示を極力排除し、心温まる情景として描かれる。ごく普通の人物がひょんなことから社会規範を逸脱し、警察に追われる身となるというモチーフに、角田はこの作品以外にも『対岸の彼女』〔二〇〇四〕や『紙の月』〔二〇一二〕で繰り返し取り組んで来ている。これらの小説と同じように『八日目の蝉』は社会構築主義的立場を取り、反社会的とされる行為の犯罪性を所与のものと見ない。小説の冒頭で鍵のかかっていない元愛人のアパートに入ったとき、希和子には部屋にひとり残された赤ん坊を連れて行こうという計画があらかじめあったわけではない。しかし、乳児の激しい泣き声とそれに続く微笑みの不意打ちが、彼女に「母であれ」と呼びかけたのが運命の転機であった。「そのまま抱き上げようとした瞬間、赤ん坊は口をへの字に曲げ、希和子を見上げた。まったく濁りのない目で赤ん坊は希和子を見る。まつげが涙で濡れている。目にたまった涙がするりと耳の上に流れる。そうして、まだ目に涙をためているのに、赤ん坊は笑った。たしかに笑った。希和子は硬直したように動けなくなる」〔角田 二〇〇七：九〕。この場面で描かれるのは、血縁がなく法にも保証されない擬似母子関係のはじまりである。日本の家族制度では、家の血統維持と家督相続のため、また夫婦の愛情の結果としての実子が必要不可欠とみなされる〔田間 二〇〇一：二一三―二三〇〕。この支配的家族理念は母性、すなわち「わが子を愛し育む本能的な性質」をあらゆる女性がもつことを当然視する〔田間 二〇〇一：ii〕。希和子と赤ん坊の擬似母子関係は母―子の出会い以前に女性身体に生得的に備わるような母性が存在するという思いなしに対して異説を示している。また希和子が赤ん坊の呼び声によって母になるときに誘拐という犯罪に手を染めるという同時性が、母性は究極の善であるという信念に冷水を注ぐ。また呼びかけに対して希和子が心でする応答は、彼女の深い心の傷と、赤ん坊に注ぐ愛情が彼女自身への自己愛の代理行為であることを暗示する。「私だったら、絶対にこんなところにひとりきりにしない。私がまもる。すべてのくるしいこと、かなしいこと、さみしいこと、不安なこと、こわいこと、つらいことから、私があなたをまもる」［角田 二〇〇七：一〇］。赤ん坊に笑顔を向けられ、希和子が自らを受け入れられ承認されたと思うことによって、彼女の母としての人生が始まる。母子の繋がりが自然であり良きものであるという社会通念は、道行く女性たちが希和子を疑わず、乳児の可愛さを褒めたり親切な声を掛けたりすることでも表現されている。親切に見える行為が犯罪を助長していることを彼女たちは知らない。後ほど物語の中で明らかになっていくように、「女の幸せ」というイデオロギーに希和子も元愛人の妻・恵津子も苦しめられてきたのだが、皮肉なことに、嘘をつき「本当の親子」の振りをしている限りにおいて、希和子は人々の常識的で善意に基づいた態度に助けられていくのである。

小説の後半部、二章では一章で誘拐された乳児が二〇歳になっていて、秋山恵理菜という名を名乗っている。希和子が逮捕されたとき四歳になっていた恵理菜は警察によって連れ戻され、戸籍上の父母と暮らすようになった。この大学生の視点から語られる二章は、彼女が誘拐犯である希和子と産みの親である恵津子という二人の母親と精神的に和解する過程が描かれている。母二人との葛藤のなかで子が自我形成するという図式は、フロイトの流れを組むアイデンティティ理論が前提とする父―母―子の近代核家族モデルを逸脱するような設定である。二人の母たちの恵理菜への影響が色濃いのに比べて、恵理菜の父・丈博の登場場面は限られており、彼の存在意義は、恵津子に夫として希和子に愛人として関わっていたということだけである。また近代核家族モデルからの逸脱は、記憶と空間の関係を通じても小説に織り込まれる。同居する父母がそれを語ろうとしないために、恵理菜は図書館のような公共の場で記事を探し、自身の生い立ちを知ることになる。それは写真アルバムに象徴されるように、理想的家族が私的空間のなかで懐かしい記憶を共有することと対照的である。

理想の家族からかけ離れた秋山家にあって、恵理菜も理想化された善良な子供――無実で無害な、母親の愛情を享受する存在――からは程遠い。恵理菜の言動に反応して、恵津子は号泣し、叫び、台所で皿を割る。恵理菜は父や母、双方の祖父母に「子どものころ、世界一悪い女に連れていかれた」と言われて育てられたし、外部に投影された悪は、恵津子が中学生になった恵理菜に向かって言う台詞でも強調される。「あんたを見ると、あの女を思い出す。あの女のことを思い出すと、おとうさんのことが憎たらしくなってくる。どうして私ばっかりこんなつらい思いをしなきゃなんないのって思うと、家にいるのがたまらなくいやんなるのよ」［角田 二〇一一：二七二］。しかし恵理菜は雑誌記事から恵津子もまた誘拐事件の当時、婚外恋愛の只中であったことを知り、「私を連れ去った女も馬鹿だが、父も母も負けないくらい馬鹿なんだ」、「父ばかりか、母まで浮気をしていた。もしもあの事件が起きなかったとしても、私の家は今とおんなじふうだったろう」と思うに至る［角田 二〇一一：三〇八］。娘の冷徹な眼差しは母が直視を避けてきた事実を映し出す。恵津子にとって恵理菜は夫の不甲斐なさや愛人の存在を思い出させると同時に、自身の矛盾を思い出させる存在であったかもしれない。緊張に満ちた親子関係の一方で、血縁関係はないが幼少期に同じ宗教コミューンで育った千草は、恵理菜が他者との信頼を再構築していくのに重要な役割を果たす。二章の冒頭から恵理菜の人生にすばやく入ってきて、妊娠の経過や過去を探る旅を助ける。そのお陰で、恵理菜は希和子とともに住んでいた場所を尋ね、失っていた記憶を辿ることができるのだ。

小説の最後ではお腹の大きな恵理菜と千草が小豆島に向かうフェリー乗り場に、希和子が毎日の習慣で立ち寄る。両者はそれぞれの視界にちらりと入りはするが、お互いの名を知らず声も掛けないまま離れてゆく。未来へ向かう恵理菜と思い出に囚われる希和子の時間感覚はほとんど交わることがない。ここに結末を安易な大団円にも悲劇にもしない、典型的家族物語への作者の抵抗が見て取れる。この一瞬の邂逅に象徴されるように、希和子から恵里菜に続く系譜には緩い連続性とともに緊張関係や断絶があるのではないだろうか。たとえば恋愛関係では、恵理菜は希和子の生の軌跡をなぞるようにアルバイトで出会った既婚男性・岸田と恋に落ちる。恵理菜自身その類似性を自覚していることは独白によって示される。「家族のいる人との恋愛よりも、『あの人』と同じことをしているというほうが、嫌悪すべきことがらだった」[角田 二〇一一：二三二]。希和子も恵理菜も職場で出会った年上の妻帯者と性関係をもち、彼らは「妻とは別れる」という嘘をつきながら関係を続けようとする。希和子が丈博と果たせなかった夢を実現するかのように、恵理菜は岸田の子供を身籠る。ただし前述の台詞によって、恵里菜は本来似ているはずのない擬似母子の間に現れる共通性を、一種のカルマか呪いのように捕らえていることが分かる。

この連続性をよりマクロな視点から見るならば、職場の既婚男性による独身女性の性的支配は、個人的な因果応報であるというよりも制度的に構造化されたパターンであるといえる。日本の女性労働市場のM字型曲線にも現れるように、若い独身女性にとって仕事は未来への経済的自立の見通しを必ずしも保証するものではない。そしてエイドリアン・リッチが言うように、女性が職場で身体の自律性を奪われる状態は、労働環境における女性の立場の低さと不安定さを維持・再生産する男性中心的経済の仕組みに支えられている[Rich 1980]。キャサリン・マッキノン[一九七九]を引用しながら、リッチの強制異性愛（compulsory heterosexuality）論は私的空間に限定された性愛関係のみならず、社会・経済全体が異性愛的関係に基づいていることを看破する。男性による女性の経済的支配は犯罪とは通常みなされないような、むしろ女らしさ、男らしさとして当然視されがちな日常的性支配と同一線上にある［Rich 1980 : 641］。このジェンダーの非対称性を背景として、希和子との関係で丈博の求愛はときに暴力性を帯びる。たびたび距離を取り関係解消を試みる希和子に対して、彼女の意思や心の存在そのものを否認するように、丈博は希和子を追いかけ身体的繋がりを取り戻す。希和子の妊娠が分かると丈博は恵津子と進めている離婚の妨げになると嘘をつき、堕胎を勧める。しかしほぼ同時に妊娠していた恵津子は出産し、離婚しないことが、希和子の心と身体をまた傷つける結果になる。不倫という言葉に象徴されるように、一夫一婦制に基づいた家父長制家族は相続権や嫡子・非嫡出子間の差別によって「妻の座」に特権を与える一方で、「愛人」への既婚男性の嘘や不誠実には法的処罰を与えない。法的立場の見かけの強さと夫への経済的依存の狭間で、「妻」である恵津子は心理的に不安定になり、「愛人」である希和子を電話でなじる。この経緯で丈博の執拗さと恵津子の攻撃が希和子の精神を追い詰めたことは想像に難くない。

連続性といえば小説の前後半には「女性が母性を真面目に追求した結果の社会的逸脱」という基調音も響いている。希和子の逃避行で描かれる女系家族のテーマは、女親二人の家族形成に至る恵理菜と千草のパートナーシップに受け継がれて発展する。本章が恵理奈と千草を非異性愛カップルとして位置づけるのは、小説前半に暗示される強制異性愛・核家族批判への応答として二章を読むという意図がひとつにはあるが、千草自身の告白にも裏づけられている。女性しかいない宗教コミューンで育ったせいで「男の人といっしょにいたいって気持ちも、恋人とかそういうのも、エッチするとかそういうことも、ぜんぶ分かんない」、「このままだったら私、恋愛とかまったくせずに、ずっとひとりで生きてくのかな」と千草はいう［角田 二〇〇七：二八〇―二八一］。ただし、これらの台詞はレズビアンとして自己定義しているわけではない（むしろアセクシュアルと言っているのに近い）ので、二人の間で育つ優しい気持ちや協働関係にある曖昧さは、読者の自由な解釈を許しているといってもいいだろう。また恵理菜と千草にとっては生まれ育った家族やコミュニティも、二人のパートナーシップも完璧なものではなく、発展途上で常に未完の営みである。これは希和子と薫の母子愛が男性社員―主婦―子の核家族に対して周縁化されると同時に、希和子の視点によって美化されて描かれるのとは異なる。

さてここまでは、作品が家族の規範から意図せずして外れてしまった二人の主人公を通じて、異性愛や家族愛の自然性・自明性を問い直すやり方を紐解いてきた。以下では、時間、空間、身体感覚がそれぞれの章でどう描かれるか、さらに詳しく検討していく。ひとつの家庭に帰属しない、あるいは複数の母をもつ主人公たちは恋愛・家族劇にみられる既成のパターン、たとえば母性にまつわる懐かしさや美徳をどうやって撹乱するか？　また妊娠と子育てで連想されがちな未来への希望を置き換えるために、作品にどういう時間や身体の感覚が織り込まれるだろうか？　女性同士の愛憎を主軸に据えたことが『八日目の蝉』の非―異性愛的要素であるだけではなくて、物語の基本的な構成単位である時間・空間までもが異性愛的な家族規範を撹乱していることを読み取っていきたい。

2　ラブホテルで作られる母子の絆

乳児を連れた希和子の逃走劇の舞台に使われるとき、ラブホテルの空間は興味深い変容を遂げる。通常はジェンダーステレオタイプと異性愛的で男性（男根）中心主義的な性概念がラブホテルの空間と時間を構成している。この施設では宿泊のほかに「ショートタイム」あるいは「休憩」という一時間から三時間の利用オプションがあって、この区分は射精を目的とした性行為の時間感覚に基づいている。

ラブホテルの多くはジェンダーの非対称性に基づき、利用客が異性愛者の男女であることを前提としてサービスを提供する(2)。さらに、これらの建物にはロビーがなく、入り口が道から見えにくくなっているとか、客とホテルスタッフのやりとりが全くないか、あっても最小限に留めるとかいう形で、利用者の匿名性を守るように作られている。この匿名性は家族や性愛についての規範に適応するためのもので、デート中のカップル、一夜限りの関係、セックスワーカーと客、婚外の関係など、結婚しておらず居住場所を共有しない人々の間の性交渉に都合がよい。また妊娠を避けることが性交の快楽を継続的に享受できる関係を維持するための必須条件になる。すなわちラブホテルの空間は、日本の家族規範において快楽の享受と出産・育児が相容れないものであることを暗示している。希和子が乳児とラブホテルに一泊したのはその匿名性が好都合だったからだが、以下に見て行くように、彼女たちの振る舞いはこの施設が前提とする異性愛的・男根中心主義的な快楽のパラダイムを覆している。

乳児を連れて希和子は総武線に乗り、本八幡駅の近くに住む大学時代からの友人で夫と子供と暮らす康枝に会いに行く(3)。そこで数泊世話になり、不動産屋に自分のアパートの鍵を返した後、東京駅から新幹線に乗って希和子は名古屋へと向かう。車窓から東京の景色が後方に流れていくのを眺めながら、一八歳で東京に出てきた頃の夢や欲望や、二六歳で出会った丈博の思い出を一緒に手放していく。「それでいい」、希和子は心中穏やかである。「そんなもの、すべて流されて見えなくなったって構わない。私はもう、今までの私と違う。私はこの子の母なのだ」［角田 二〇一一：四〇—四二］。名古屋駅の改札をくぐって、ラブホテルの看板を探しながら彼女はまた彼を思い出す。

あの人は私の部屋にきたがったけれど、私はラブホテルのほうがまだよかった。自分の部屋だと錯覚してしまいそうになったから。この人は朝までいっしょに眠ってくれると、信じてしまいそうになったからだ。

はじめてあの人にラブホテルに連れていかれるまでは、自分がラブホテルにいくような大人になるなんて思ってもいなかった。それがどうだ、今や、男の人に連れられることなく、自分でラブホテルを探している。［角田 二〇一一：四二］

裏道で希和子は「珊瑚礁」という名のホテルを見つける。先に引用した希和子のモノローグではロマンチックな恋愛という概念と中産階級の性道徳、異性愛が結婚制度という名の元で密接に繋がっている。希和子の世代と社会階層を鑑みれば、一九八〇年代半ばには彼女のような「良家の子女」がラブホテルに行くことは貞操という社会規範からの逸脱を意味した。しかし希和子は、その想像の中ではあるが母親になり、乳児の生存への責任を負ってはじめて、自己身体への決定権を自認できたのである。さらにいえば、この女性自身による道徳コードの侵犯は、ラブホテルの時間・空間のずらしと同時に起こっている。

赤ん坊をベッドの上に置くやいなや、ポットと電子レンジのコーヒーメーカーの揃ったキッチンが希和子の目に止まる。離乳食がこれで温められる。通常のラブホテル客にとって部屋での食事は優先順位が低いだろうことと比べると、赤ちゃんを食べさせ生かしておくことは彼女の一番の関心事である。中で恋人たちがエロチックな遊びに興じたであろうバスタブを、希和子は小さな旅の供と使う。

薫は、お湯に浸かると大人みたいな顔をする。目を細め、口を開け、ほうと息をつくのだ。なんという幸福がこの世のなかにはあるんだろう。（中略）薫に添い寝していたらいつのまにか眠ってしまった。

途中、うっすらと目を開けると、真ん中に薫の寝顔があった。ちいさな顔、薄く開いた唇、したたる透明のよだれ。薫のなまあたたかい息が私にかかる。なんという幸福。あの人といちばんうまくいっていたときだって、こんな気持ちは得られなかった。［角田 二〇一一：四二］

この美しい場面では静かな、ゆっくりと動く時間と身体感覚が混ざり合って、驚きや喜びとともに赤ん坊に触れる主人公の主観的世界が丁寧に描き出されている。ホテルで密会し一夜限りを共にする恋人たちではないにせよ、彼女らの交わりもまた、将来を約束されていないゆえに、今この瞬間の喜びに身を捧げざるを得ないのだ。希和子の気持ちのなかで赤ん坊は希和子を完全に受け入れ、生みの親と子の間に想定されている、決して取り替えのきかない絆の神話性を暴こうとする。ここまで逃亡中の誘拐犯でありながら人の目にはただの母子と映ることで、希和子は正常／異常や日常／犯罪の区別の自明性を揺るがしてきた。母性愛と異性愛の快楽を比較可能なものとし、赤ちゃんとの交わりが愛人からは得られなかった至福だと言うことも、異性愛の結果の出産・育児という規範や小児性愛の禁止から見ればタブーの侵犯ギリギリのところにある。このシーンは複数の対象に向かいうる赤ん坊の愛を仲立ちとして可変的で断続的な家族を作っていく彼女の旅を予見している。

3 がらんどうの空間と身体

この幸せに満たされた触れ合いの空間は、「がらんどう」という言葉――恵津子が希和子の産めない身体を電話で嘲笑したときに用いた表現――が象徴する空間―時間―身体とちょうど対極にあるものだ。先述したように、希和子は丈博の子供を身籠るが、彼の反対によって堕胎し、その手術のミスによって妊娠できない身体になったと希和子は信じる。

「がらんどう」の比喩が初めてこの小説に現れるのは、泣き止まない赤ん坊をあやしながら希和子が恵津子から繰り返される嫌がらせを思い出す場面である。電話で恵津子は告げた。「あんたなんか、空っぽのがらんどうじゃないの。あなた、自分の子供を殺したんでしょう。信じられない。あんたが空っぽのがらんどうになったのはその罰じゃないの。殺された子供が怒ってんだよ。ざまあみろ」［角田 二〇一一：六八］。

この台詞で恵津子は世間の常識を代表するかのように、女性身体の実質的な意味が出産にあると主張している。また因果応報の観念も垣間見える。「がらんどう」は身体の中に感じられるべき虚しさのことで、言葉の響きはちょうど人っ子ひとりいないお堂で感じられる寂しさを想起させる。過去に犯された、決して償えない罪によって体のなかに作られた無為な空間、それが恵津子の言う「がらんどう」である。堕胎を殺人と同列に捉えるかどうかには議論の余地があるが、いずれの立場を取るにせよ堕胎の決断は丈博に促されたものであり、希和子がひとりで責任を引き受けるべきものではない。先述したように結婚制度と性差別的な労働市場によって「妻」と「愛人」の利害が対立させられていなければ、希和子の側に堕胎が必要という議論自体、成り立たなかったであろう。そもそも彼女の罪でないものを彼女に体感させようとするのは、社会制度そのものの欠陥を、出産抜きの性愛を生きようとする女性（「愛人」）一人に責任転嫁するものだ。恵津子はこれ以外にもたびたび電話を掛けてきて、あるときは夫を返してくれと懇願したり、あるいは優しく話しかけたり、ときには罵倒したり、または性生活をひけらかしたりしたことも希和子の記憶に残る。がらんどうという言葉だけは受け入れ難かったにしろ、希和子は嫌がらせの言葉の暴力を受け入れ、「私はそういうことをされても仕方のないことをしているのだと思っていた」という［角田 二〇一一：六八］。見方を変えればふたりとも社会的弱者であるかもしれないが、恵津子は希和子への嫌がらせによって「妻の座」を現実に遂行することができ、いっぽう丈博への非難を一切せず、彼の責任を代わりに引き受けようとする自己犠牲的な希和子もまた、「妻の座」の強化を助けているといえる。

結婚で生まれる子供が未来に進む時間を象徴するなら、体の中の「がらんどう」は動きのない死んだ時間である。盗んだ赤ん坊とともに旅する希和子の時間は前に動き出したが、子の「本当の母親」になりたいという欲望、つまり生物学的母子の繋がりを絶対視する社会通念から自由になったわけではない。希和子が赤ん坊を名付けたのは、丈博とともに以前選んだことのある、どちらのジェンダーとしても通用する名前、「薫」である。そればかりか、それが自分の産んだ子であって欲しいと望み、電車で話しかけてきた見知らぬ老婦人の「お母さんに目元がそっくり」という言葉を信じようとする。奈良の新興宗教コミューン・エンジェルホームで自己紹介をする際には、嘘を自覚しながら薫を自分で産んだ子として物語ってもいる。そして逃避行が続くにつれ希和子は子育ての技術を覚え、子と信頼関係を築いて、母としての自信を得ていくようにも見える。希和子の母子幻想に支えられているとはいえ、ともに過ごした時間が二人の絆を作っていく。この擬似親子と並置させる形で、血の繋がった母子でも心が断絶している様子が希和子の出会う女性たちにまつわって記述されていく。立ち退き請求されている家屋に居座る名古屋の老婦人と不動産屋に協力する娘、離婚裁判で幼い息子の親権を夫に取られエンジェルホームで暮らすようになった娘・久美とそれを知らず小豆島で待ち続ける母。

エンジェルホームを逃れて希和子が小豆島を目指したのは、そもそも親しくなった久美の実家があったからだが、この場所に惹かれたのは、室内に閉じ込められたコミューンの生活になかったもの——青い空と、海と、太陽と緑の木々——を子に与えられるからだった。希和子は「ニューヨーク」という名の古びたラブホテルで清掃係の仕事を始める。一九八〇年代に究極の経済的成功を象徴した都市の名を冠した場所で彼女が求めるのは、せめてもう一日、もう一日と二人の家族生活を永らえさせることであった。小豆島といえば壺井栄の『二十四の瞳』〔一九五二〕が有名だ。子供の純真無垢さと第二次世界大戦直後の帰郷というテーマをこの島を背景にして描いた小説は、たびたび映画やテレビドラマになっている。それが作品外の文脈となって、希和子と幼児の間に交わされるほのぼのとしたやりとりや幼児がのびのびと成長していく様子に、この場所のもつ豊かな情感を重ね合わせて読むことができる。

この寂れたラブホテルの裏にある木造アパートに希和子は連れてきた子と住んで、昼間はホテルの部屋に散らかったゴミやシーツ、タオル類、汚物を掃除する。名古屋の「珊瑚礁」に赤ん坊とチェックインしたときには、丈博との関係を思い出しセンチメンタルな感慨に襲われていた。だがこのホテルでは精液の染みたティッシュや濡れたタオル類をかき集める作業に没頭しつつ、希和子は「男と女の交わりというものがなんだか滑稽なものに思えてくる」といい、以前エンジェルホームで「魂には男も女もない」と聞いた言葉を思い出して、異性愛を相対化している［角田 二〇一一：一七二］。窓のない部屋の臭いを締め出すように頭をからっぽにし黙って掃除に集中する様は、「いま・ここ」の時間と空間に専念する精神修行のように描かれる。赤ん坊との触れ合いがエロティックな雰囲気を醸し出した名古屋のホテル「珊瑚礁」と比べると、このホテルでは淡々とした労働を通じて快楽への渇望が滅却される。四〇〇〇円の微微たる日収ではあったが、毎日の労働の繰り返しのなかで、いずれは「ずっと長い間、何を捨てても手に入れたかったもの、（中略）私の子どもとのちいさな生活」が手にできると希和子は確信する。規則的に進んでいく平凡な生活はまだここにはないが、彼女の想像する未来にあるのだ。直進的な意識に基づく異性愛家族や刹那的な一夜の情事とは異なる、時間がここにはある。しかし一章の最後、希和子の幸せな未来は警察の介入によって永遠にやってこなくなる。

4 過去想起と妊娠、ジグザグな時間

希和子の逃亡劇はいずれ追っ手に捕まり子との幸福な時間が終わってしまうかもしれないという持続的な緊張感に満ちている。まさに「いまか、いまか」という不安の潜在した、滞りなく流れようとしない時間であり、子の成長に合わせて各学校への入学や卒業といった時間の区切りを予定しつつ規範的家族が営まれることとは対照的である。一方、恵理菜が千草に導かれて始める心の旅は、過去や未来との曖昧な関係から出発する。千草に最初問いかけられたとき、過去の記憶は断片化した光景の点滅としてしか現れなかった。いま現在にすら現実感が伴わず自分の顔もよく思い出せない恵理菜にとって、二人の母と折り合いをつけることとは、過去を辿るために千草と旅することであり、旅をし

ながら現実に生きる今という時や自分自身の確かさを取り戻すことでもある。この一直線ではない――いわばジグザグの――時間構成は、予想外の妊娠を受け入れつつ産む決断をする主人公の心の動きとも重なっている。宗教コミューンで付けられた第三の名にちなんで「リカちゃん」と恵理菜を呼ぶ千草は、人生の旅の同伴者として恵理菜の自己再生に大きな役割を果たしていく。探求を進めるに従って信頼と心の繋がりが二人の間に出来ていくが、その背景となるのは居酒屋、公園、コンビニエンスストア、ホテルの部屋、タクシーなど、一時的に立ち寄る、あるいは通り過ぎるような場所である。典型的な家庭空間が、いつもそこにあって主人公が最後に帰っていける場所、男にとって妻、子にとって母が待っている場所として象徴されるのとは対照的である。

千草と恵理菜を通じて、男―女の対を中心にして描かれる標準的な恋愛や家族像からズラされた、二人の女性を中心にして作り上げられる親密で掛け替えのない結びつきが描かれる。恵理菜よりも何歳か年上の千草はエンジェルホームの記憶がはっきりとあり、フリーランスライターとしてこの集団を独自にリサーチし、ノンフィクションを出版した。ほぼ希和子の視点だけから語られる一章とは趣が異なり、二章が希和子、丈博、恵津子の関係やエンジェルホームの成立を描く部分は、恵理菜が図書館で読む新聞雑誌や千草の集めた記事の切り抜きのような第三者的立場をとっている。

メラニー・クラインの図式化した「妄想―分裂ポジション」は、生後三、四カ月までの幼児にとって欲動の対象（おもに乳房）は分裂していて、欲求充足をもたらす「良い対象」と、欲求に応えてくれず不満にさせる「悪い対象」が統合されていないとする［西川 一九九九：三一三―一四］。この配置に似て、完璧に理想化された母か最悪の母か、あるいは純粋無垢の被害者か極悪の犯罪者かという両極端のイメージを恵理菜は希和子と恵津子に投影しがちだった。しかし、千草は善悪の両極端に偏らない、「十分によいgood enough」母親と父親の両方の立場で恵理菜に接する。千草は恵理菜の食事に気を配るが、自分では料理できないのでコンビニエンスストアで買ってくるのが常だ。かと思えば、調査力と論理的思考を駆使してエンジェルホームの全体像を暴く姿は、推理小説でシャーロック・ホームズや明智小五郎など男性主人公が具現化した能力を模倣している。加えて、エンジェルホームの調査について比喩的に「私はあんたといっしょに出て行きたいんだと思うよ。閉じ込められたような場所から、もっと遠いところに」、「ひとりじゃ出ていけないけど、あんたといたら出ていけそうな気がする」と恵理菜に言う千草は、母の胎内で出産を待つ双子の胎児の片割れのようである［角田 二〇〇七：二九八］。

二章のクライマックスがやってくるのは二人がエンジェルホームの一員として住んでいた建物を訪れた後、小豆島に行く前に一泊するホテルである。二人の関係がぐっと親密になるこの場面では、身体と時間の動きが非直線的である。エンジェルホーム内の性的タブーにまつわるいじめやホームを出た後の家族・親族間のごたごたについて思い出を話した後、沈黙が気まずく感じられ、甘いものを買うことを口実にして恵理菜と千草はコンビニエンスストアに向かう。部屋を出てお喋りしながら希和子が今どこに居るのか二人で推測するうちに、恵理菜は急に、この旅は千草が希和子と再会させ、「安っぽい小説みたい」なシーンを演出するために仕掛けたものだという疑いを抱く［角田 二〇〇七：三三八］。声が大きくなりついには怒鳴る恵理菜に対して、「そんなつもり、ないよ」と千草は答えるが、恵理菜の気持ちは収まらない。ホテルの部屋に戻って恵理菜は千草の鞄の中身を床にぶちまけ、インタビュー用のノートを胸に抱いて、千草の本に書かれることに抗議する。「めずらしいものみたいに扱わないで！　やっと逃げ出せたのに元の場所に戻さないでよ！」。言葉にしたのはこれだけだが、心中では出産と母親になることに対する不安と抵抗が渦巻いていた。まるでそれを察するかのように千草は、笑いながら恵理菜に近づいて、おなかに両手を伸ばす。「ね、ね、触らせて。赤ちゃん触らせて」［角田 二〇〇七：三四〇］。そうされて初めて恵理菜は声に出す。「さすがにあの女に育てられたことはあるって、おもしろがってるんでしょ！」

恵理菜が全力で抵抗するにも関わらず千草がお腹に乗せた頭をどけようとしない様子はまるでレスリングの試合のようだ。「あんたは母親になれるよ。ナントカさんて人と、いっときでも恋愛したんでしょ。自分が好かれてる、必要とされてるってわかったんでしょ。だったら母親になれる」、「自信なかったら私がいっしょに母親になってあげてもいいよ。私なんかじゃ頼りにならないかもしれないけど、だめ母でも二人いれば、少しはましなんじゃないの」［角田 二〇〇七：三四二］。千草はエンジェルホームで彼女たちを育てた複数の母たちに言及し、男性と恋愛しなくても母親になれると信念を述べる。「男の人を好きになったことも好かれたこともないけどさ、でも私にだってきっとうまくできるって、そう考えたんだ」、「私、自分が持っていないものを数えて過ごすのはもういやなの」［角田 二〇〇七：三四二］。それを聞きながら恵理菜は千草のコートに落ちる自分の涙に気がつく。今度は恵理菜のモノローグが千草の心中を、代弁する。「わかっているんだ、千草。（中略）あなたが書こうとしているのは、私の物語ではなくて、あなた自身の物語だってことくらい、分かっているんだ」［角田 二〇〇七：三四二―三］。「わたし」と「あなた」が対等な個人でありつつ精神的な伴走者であることを恵理菜が理解するこの場面では、零れ落ちてコートにしみ込む涙や揉み合う体といった描写によって二人の身体の境界が象徴的にぼやけており、お互いの台詞を先取りしたり相手の心中を察したりと文中の主語も曖昧になっている。二人の関係が「わたし」から「わたしたち」へと深まったこのときが、物語のクライマックスのひとつであると読める。

「嫌いとか好きとかない。母親は母親」という千草は、一章で希和子が見せた理想の母親になるためのひた向きな努力と比べて、現実的で地に足のついた関係を自己や他者ともてているかのように見える［角田 二〇〇七：二四二］。千草はいっときでも愛し愛されていたことを認めるよう恵理菜に促しつつも、子の父親を「ナントカさんて人」といい加減に呼び、丈博、希和子、恵津子の間にあった三角関係の緊張が生じることも巧みに避けている。代わりに、「心臓の音が聞こえるけど、あんたのか赤ん坊のか、わかんないな」と、恵里菜のおなかに耳をつけ言う千草は、恵理菜の元恋人よりもずっと胎児との距離が近く、また、赤ん坊への興味にかこつけて恵理菜への優しい想いを伝えているようでもある［角田 二〇〇七：三四三］。核家族を中心に形成される母、子、妻、愛人といった社会的立場とそれに即した愛の定義によって引き起こされる数々のせめぎ合いが登場人物を通じて描かれてきたが、千草の愛はそれらの葛藤によって生成する自我ではないところを自己―他者関係の出発点としているように見える。社会で異端視される宗教集団で育ったという共通の疎外経験を礎としつつ、今はともに生きる時間のなかで二人の関係が作られていく。恵理菜の感情の爆発に対する千草の受け答えは、安易な共鳴や感情的同化ではない。あくまでも千草の個人史を背景とした「わたしでしかないわたし」を自分で受け入れた上での、恵理菜へのサポートである。

一章で丈博と希和子の関係が異性愛男性による性支配を具現化していると読んできた以上、二章で千草と恵理菜が性支配の超越やオルタナティブな性愛関係を示していると解釈したい衝動に駆られる。しかし細かく読んでいけばいくほど、描かれている彼女らの台詞や行動は平凡で、人間関係の基本にあるべき信頼や優しさ以上の何かが構築されていると言い切ることは難しい。ただしここまで見たように、着眼点をずらして時間・空間のジグザグな構成や身体感覚から主人公の関係の発展を紐解いていくと、異性愛核家族の物語形式にまるで挑戦するように描かれていることもまた、浮かび上がってくる。

おわりに

ここまでの分析で、『八日目の蝉』が理想化された家族像をずらしていくとき、時間—空間—身体感覚もユニークな形を取ることを見てきた。希和子がよき母親になろうとするひたむきな努力、恵理菜による二人の母との葛藤と受容、千草が恵理菜の子の第二の母親になろうとする決意は、異性愛核家族を基準とする社会には認知され難い、戸籍制度や警察権力によって掻き消されてしまう種類の関係だ。この小説は母娘の血縁を理想化することは避けているが、だからといって出産・育児から解放されたところに自由な女性の身体とセクシュアリティを夢想することもしない。そこにあるのは、愛や自由という理念が人を縛り苦しめることになる社会的、文化的、心理的な条件を丹念に炙り出す作業である。

さらに言えば、空間や時間が一人ひとりの具体的な生を離れて抽象的な物語構成の道具となりうるのも、「台所」、「ホテル」、「コンビニ」等の場所が記号性を帯びて読者自身の物語の重ね合わせを許すのも、資本主義化、近代化や都市化の帰結と言える［Giddens 1981; 西川 一九九八］。そのような視点で見れば、ポピュラー文化の中でイメージが溢れている「珊瑚礁」や「ニューヨーク」がラブホテル名として、また「小豆島」が子育ての舞台として登場して、場所の記号化に注意を促すのも興味深い。希和子や恵理菜が真実の愛を追求する物語として『八日目の蝉』を読むことももちろん可能である。

しかし本章は登場人物たちの背景として退きがちな空間・時間に注意を払い、描かれた身体描写を丁寧に拾うことによって、小説に仕組まれたもうひとつの世界に気づくことを試みた。このような回りくどい読解方法を提唱するのには理由がある。昨今、個人の選択が尊重されて家族から人々が自由になった、あるいは自分の欲しい性愛関係を気ままに結べるようになったと喧伝されがちである。けれどもこの中で、もう乗り越えた（または乗り越えつつある）とされる親族関係、血縁関係の「概念が、ポストファミリーを標榜する言説のなかに無傷のまま温存され、人種や民族を巻き込んだジェンダー／セクシュアリティをめぐる抑圧をさらに不可視のものとしているのではないか」という竹村和子の危惧を、筆者も共有している［竹村 二〇一二：七四］。だからこそ作品を手軽に消費させようとする商業的大衆文化の誘惑に抵抗し、習慣化された感受性の様式から取りこぼされがちな心の機微を認め育てるように読んで、家族のオルタナティブが想像・創造される条件を一歩引いて考えてみたかったのだ。

註

（1）例えば山田洋次監督『男はつらいよ』（松竹、一九六九―一九九五年）の物語は、各篇、テキ屋を営む車寅次郎が旅先で落ちる恋を軸に展開し、失恋して（あるいは自ら身を引き）異母妹と叔父夫婦のいる葛飾柴又に帰るのが結末となるよう様式化されている。毎回異なった女優を相手に据え、恋に恋する男・寅さんが未来への期待と故郷への回帰を振り子のように行き来するシリーズは、全四八作に及んだ。

（2）ラブホテルは女性同士の連れ合いを受け入れることにほぼ抵抗がないが、男性同士の客は拒まれることが多い［金 二〇〇八］。

（3）本八幡駅は東京都江戸川区に隣接する千葉県市川市にある。

参考文献

上野千鶴子［一九九〇］『家父長制と資本制――マルクス主義フェミニズムの地平』岩波書店。

角田光代［二〇〇四］『対岸の彼女』文藝春秋。

――［二〇〇七］『八日目の蝉』中央公論社。

――［二〇一二］『紙の月』角川春樹事務所。

ギデンス、アンソニー［一九九五］『親密圏の変容』、松尾精文、松川昭子訳、而立書房。

金益見［二〇〇八］『ラブホテル進化論』文藝春秋。

竹村和子［二〇〇八］「序文」『ジェンダー研究のフロンティア　第五巻　欲望・暴力のレジーム　ゆらぐ表象／格闘する理論』作品社。

――［二〇一二］『文学力の挑戦――ファミリー・欲望・テロリズム』研究社。

田間泰子［二〇〇一］『母性愛という制度――子殺しと中絶のポリティクス』勁草書房。

壺井栄［一九五二］『二十四の瞳』光文社。

西川直子［一九九九］『現代思想の冒険者たち三〇　クリステヴァ――ポリロゴス』講談社。

西川祐子［一九九八］『借家と持ち家の文学史　「私」のうつわの物語』三省堂。

――［二〇〇〇］『近代国家と家族モデル』吉川弘文館。

リーズ、イレイン［二〇一一］「インタビュー：角田光代、『八日目の蝉』で描く母性の問題」ロイター、二月一〇日。http://jp.reuters.com/article/idJPJAPAN-19480720110210（二〇一二年一〇月一五日最終閲覧）

Freeman, Elizabeth［2007］"Introduction." *GLQ: A Journal of Lesbian and Gay Studies* 13 (2-3), 159-176.

Giddens, A.［1981］*A Contemporary Critique of Historical Materialism*. University of California Press.

Halberstam, J.［2005］*In a Queer Time and Place: Transgender Bodies, Subcultural Lives*. New York University Press.

MacKinnon, Catharine A.［1979］*Sexual Harassment of Working Women: A Case of Sex Discrimination*. Yale University Press.

Rich, Adrienne [1980] "Compulsory Heterosexuality and Lesbian Existence." *Signs* 5 (4): 631-660.

Column

セクシュアル・マイノリティと地域

宇佐美翔子

セクシュアル・マイノリティにとって地域とは何か。生まれ／育った地域、自ら選択し移り住んだ地域、転勤した地域、生きるために止むを得ず住んだ地域。生まれてから死ぬまでの間に違う意味合いをもつ《地域》を人はもつ。

自分事としても、生まれてから高校卒業までの一八年間を振り返るのと、二六年後に戻ってきた生まれ故郷を《地域》として考えることはほぼ同義だが、諸事情により住み替えながら暮らした土地に対して抱く感情は年数によっても違う。《地域》について考えるというのはそういうものではないだろうか。

セクシュアリティとはその人のもつ一部分の表象だが、その人間の価値観や社会との距離感、他者との共感性、他者からの評価等、日々の暮らしの中で時に衝撃的に、時にジワジワと影響を及ぼしている。セクシュアル・マイノリティが《地域》について考えるということは、社会から感じる肌に合わない空気感の中を生きることを考えることでもある。あくまで私個人とごく身近な人たちの経験則になることを前提に、どこかで誰かの役に立つことがあればと思いこれを書いている。

私はこれまで、青森→東京→北海道→東京→青森→東京→青森と移り住んで来たが、《地域》について考えることは自分の生活に密接しており、極めて現実的で怖い。だから住み替えてすぐには気づかず、暫くして何かがおかしい、生き難い、と気づくが、《地域》という狭い範囲の中でその理由を考えることは、恐怖感にも繋がった。ただ、セクシュアリティについて、自分事として《地域》の問題を考えるのが恐くても《社会》や《世の中》がどういう動きになっているのか知ると考えやすくなる。身近な問題ほど直接に隣人が自分に牙を剥き攻撃される可能性も高い。居場所に安全感をもてない中で個人の問題として考え続けづらいのだろう。

個人の問題（わがまま、弱さ、おかしさ）故に辛いのだと長い年月をかけて思い込んでいたものが《社会》の仕組みによるものだと気づいた時、レズビアンである私は救われた。実際の行動として狭い《地域》を抜け出すことで救われた人も多いだろう。物理的に《地域》を離れて俯瞰してわかることは意外と多い。例えていうなら《〇〇県の常識は全体的に見れば非常識だった》《〇〇県の常識は、流行の影響を受けてるだけ》など。

二六年ぶりに青森に帰ってきて《地域》の暗黙の了解のような空気がどこから来るのか考えている。考えるのは、やはりまだ生き難いと感じているからに他ならないが、自分の気質のせいで生き難いのかと思っていた頃とは違い、社会の問題／課題として、少しは冷静に考えられるようになった。

私から見える青森は、理想の家族像は結婚、出産、子育て、老後、介護、葬儀、墓守までがワンセット。セクハラ、性暴力加害は武勇伝として語られ、医師や教員、弁護士、代議士など先生と呼ばれる人たちが絶対の信頼と力をもち、男性は喧嘩とセックスと酒が強いことを自慢げに話す人を多く見る。このような強いジェンダー規範の中、セクシュアル・マイノリティが地域社会で生きるということはその規範に対抗することでもあり排除の対象になりやすい。まして闘う決意は諸刃の刃だ。ここに生きられるかどうかに直接関わる。息を潜めていた方が安全だと思うのも無理はない。なぜならその規範を映す鏡がすぐ隣に居る親、親戚、同級生、同僚、隣近所の人だったりするのだから。

二〇一四年から青森に戻り、役所の中や会議室ではなく、街の中に生活の延長線上として相談できる場所をとコミュニティカフェ&バー経営と相談事業を並行して行っているが、当事者の悩みは私が生きにくいと感じ青森を離れた一九八〇年代も今もあまり変わらない。《地域》は自然に任せておけば良い方向へ変わるというものではないのだろう。

直接テコ入れしなくては、セクシュアル・マイノリティに留まらず、マイノリティ性をもつ人々の生きにくさは解消されない。また、辛い思いを抱え諦めることで生き延びている人のことを考えなくてはならない。マジョリティ世界は強大で、少数意見はもみ消されてしまい、テコ入れするにしても個人の力だけでは大変すぎる。明らかな人権侵害への意見もただのクレーム扱いになる。そうした社会を生きる上で、人との繋がり程大切なものはない。それが後々《地域》を変えることのポイントでもあるだろう。

相談を受ける中で、病院や支援機関、行政機関との交渉もする。周囲から理解を得られず、ご本人も個人の問題と諦めようとしていることを、制度利用の話として各所で説明した。セクシュアリティの悩みと生活の問題は交差することが多く、整理して各所に同行、面談し協力と理解を仰ぎ、参考になる文献等も手渡した。

緊張した顔で自分のセクシュアリティを教えてくれた人。DVや性暴力被害について話してくれた人。恋の話を聞かせてくれた人。失恋して泣ける場所が必要だった人。話す機会を伺いながら静かに佇んでいる人。遠い土地から私たちに会いに来てくれた人。支援の仕方に悩んでいる人。セクシュアリティの揺らぎに戸惑う人。親にカミングアウトしようか悩んでいる人。死にたい人。生きたい人。出会った多くの人たちが、初めて他人に話すと言っていた。その思いに私たちはちゃんと応えられているだろうか？

セクシュアル・マイノリティを取り巻く困難は多岐にわたる。一人の人間の人生に起き得る困難はセクシュアル・マイノリティにも起きるし、リスクを考えてカミングアウトできず、より困難な状況になっていることもある。

個別サポートだけではなく、各行政機関に資料を携えて行き、セクシュアル・マイノリティの置かれている状況等を説明してまわりもした。市/県議会でも議論されるようになり、二〇一六年から青森市では週一回一二時間のセクシュアル・マイノリティ専門電話相談が開設、年に二回の市役所窓口職員研修、市教委での三年計画の研修が始まった。緊急連絡先カードの続柄は削除され、公的手続き書類の中から九〇の性別欄が削除された。市・県ともに男女共同参画プランには性的マイノリティに関しての記載がされた。

これらは皆、個人の闘いがあったからこそできたことだった。

ただ、個人の闘いに疲れてしまった時には孤立感も高まる。周りを見る余裕もなくなるかもしれないし、SOSを出す気力もないかもしれない。今まで怒りの表明さえする場所も機会もなかった人にとって、周囲に一緒に考える《他者》が存在するとはなかなか思えないのだろう。

次の課題は《地域密着》だ。

個別のサポートやロビィ活動、問題提起も大事だが、四年目にして気がついたことがある。これらの活動だけでは《地域》は変わらない。制度ができても《地域社会》を形成する個人が変わらなければ、息苦しさは変わらないからだ。

今年、私たちはいろんな小さな町に出かけて、相談会を開こうと思っている。制度改善や法整備など社会の仕組みに働きかけ、考えたあとだから見えてきた、より小さな地域への働きかけや出会いが重要。都会や、特別な人の話で済ませないためにも顔の見える関わりを増やしていこうと思う。セクシュアル・マイノリティはどこにでもいる。どこにでもいるなら、どこへでも行こう。

まだ見ぬ小さな町々をめぐり、一人でも多くの当事者に出会っていきたい。孤独なたたかいをしなくてもいいのだと伝えるために。

《社会》と《地域》を行ったり来たりしながら。

＊　＊　＊

コラム「セクシュアル・マイノリティと地域」の執筆者である宇佐美翔子さんは、ご病気のため、二〇二一年九月三〇日に逝去されました。編著者より、心よりのご冥福を申し上げます。

宇佐美さんが生まれ故郷である青森に戻ったのは二〇一四年の春のことでした。その約三年後に書かれた本コラムでは、「《地域》は自然に任せておけば良い方向へ変わるというものではない」という思いから、社会の仕組みを変えるべく、宇佐美さんがどのような活動を展開してきたのかが記されています。

宇佐美さんの活動は常に、孤立感を深めている人、SOSを出す気力を失っている人、語る言葉を見つけられないでいる人たちのことを念頭に置いていました。性的マイノリティの運動がメインストリーム化していく時に忘れがちな人、取りこぼしがちな人たちのそばで耳を傾け続けた人でした。「孤独なたたかいをしなくてもいい」という言葉は、そうした人たちにこそ向けられたものでしょう。そして、彼女が大切にした「人との繋がり」とは、忘れられがちな者たち、取りこぼされがちな者たちの生が「孤独なたたかい」にならないために必要不可欠な命綱のことだったのではないかと思います。

第2巻の編集作業が遅れたことで、宇佐美さんご自身が本コラムの校正を行うことは叶いませんでした。このため、宇佐美さんパートナーである岡田実穂さんに校正をお願いしました。大切なパートナーを亡くされた大変な時期に、本コラムの校正をお引き受けくださった岡田さんに、この場を借りて感謝を申し上げます。

（編著者）

〈編著者紹介〉

菊地夏野（きくち　なつの）［第五章］
名古屋市立大学大学院人間文化研究科教員
専門は、社会学、ジェンダー／セクシュアリティ研究。主な著書に『ポストコロニアリズムとジェンダー』（青弓社、2010年）、『日本のポストフェミニズム――「女子力」とネオリベラリズム』（大月書店、2019年）。

堀江有里（ほりえ　ゆり）［第六章］
日本基督教団京都教区巡回教師、清泉女子大学ほか非常勤講師
専門は、社会学、レズビアン・スタディーズ、クィア神学。主な著書に『「レズビアン」という生き方――キリスト教の異性愛主義を問う』（新教出版社、2006年）、『レズビアン・アイデンティティーズ』（洛北出版、2015年）。

飯野由里子（いいの　ゆりこ）
東京大学大学院教育学研究科附属バリアフリー教育開発研究センター教員
専門は、ジェンダー／セクシュアリティ研究、ディスアビリティ研究。主な著書に『レズビアンである〈わたしたち〉のストーリー』（生活書院、2008年）、『合理的配慮――対話を開く、対話が拓く』（共著、有斐閣、2016年）。

〈著者紹介〉（執筆順）

釜野さおり（かまの　さおり）［第一章］
国立社会保障・人口問題研究所人口動向研究部研究員
専門は、社会学、SOGI人口学、ジェンダー／セクシュアリティ研究。主な著書、論文に“Asking about Sexual Orientation and Gender Identity in Social Survey in Japan”（共著、『人口問題研究』、2020年）、『ワーク・ファミリー・バランス』（共著、慶應義塾大学出版会、2021年）。

清水晶子（しみず　あきこ）［第二章］
東京大学大学院総合文化研究科教員
専門は、フェミニズム理論、クィア理論。主な著書、論文に*Lying Bodies: Survival and Subversion in the Field of Vision.*（Peter Lang, 2008)、「埋没した棘――現れないかもしれない複数性のクィア・ポリティクスのために」、(『思想』No.1151、2020年)。

赤枝香奈子（あかえだ　かなこ）［第三章］
筑紫女学園大学現代社会学部教員
専門は、社会学、ジェンダー・セクシュアリティ研究。主な著書に『近代日本における女同士の親密な関係』（角川学芸出版、2011年）、『クィア・シネマ・スタディーズ』（共著、晃洋書房、2021年）。

志田哲之（しだ　てつゆき）［第四章］
早稲田大学人間科学学術院教員
専門は、社会学、セクシュアリティ研究、家族社会学。主な著書に『挑発するセクシュアリティ――法・社会・思想へのアプローチ』（共編著、新泉社、2009年）、『クィアと法』（共著、日本評論社、2019年）。

長山智香子（ながやま　ちかこ）［第七章］
名古屋大学大学院人文学研究科教員
専門は、文化研究、メディア・映像研究。主な著書、論文に *Gender and Food in Transnational East Asias*（共編著, Lexington Books, 2021）, “The Flux of Domesticity and the Exotic in a Wartime Melodrama”（*Signs: Journal of Women in Culture and Society* 34（2）, 2009）.

谷口洋幸（たにぐち　ひろゆき）［コラム］
青山学院大学法学部教員
専門は、国際人権法、ジェンダー法。主な著書に『LGBTをめぐる法と社会』（編著、日本加除出版、2019年）、『性的マイノリティ判例解説』（共編著、信山社、2011年）。

福永玄弥（ふくなが　げんや）［コラム］
早稲田大学ほか非常勤講師
専門は、フェミニズム・クィア研究、社会学、地域研究（東アジア）。主な著書、論文に「『毀家・廃婚』から『婚姻平等』へ――台湾における同性婚の法制化と『良き市民』の政治」（『ソシオロゴス』45、2021年）、『東アジアの家族とセクシュアリティ』（共著、京都大学学術出版会、2022年）。

宮田りりぃ（みやた　りりぃ）［コラム］
関西大学人権問題研究室非常勤研究員
専門は、教育社会学、ジェンダーとセクシュアリティ研究、HIV感染症の予防啓発。主な論文に、「性別越境を伴う生活史におけるジェンダー/セクシュアリティに関する意識」（『教育社会学研究』100、2017年）、「『二重生活』はいかに意味づけられるのか――女装者によるナラティブを事例に」（『解放社会学研究』31、2018年）。

岡田実穂（おかだ　みほ）［コラム］
レイプクライシス・ネットワーク代表。2021年11月より前代表の逝去によりBroken Rainbow-japan代表。
2003年より性暴力サバイバーのサポートに関わり出し、以降、当事者への支援、相談員研修、政策提言、社会的予防啓発に関わり、特にLGBTIQAの性暴力被害に関する当事者研究を中心に活動を展開している。パートナーである宇佐美翔子と共に青森を拠点としてコミュニティカフェの運営や、青森レインボーパレードの立ち上げ、北東北における性の健康に関する活動などの社会活動も展開。

宇佐美翔子（うさみ　しょうこ）［コラム］
性暴力被害者支援団体レイプクライシス・ネットワーク（RC-NET）理事。Broken Rainbow-japan代表。
2014年より、生まれ育った青森県で、パートナーの岡田実穂さんとともに暮らし始め、コミュニティカフェバー「Osora ni Niji wo Kake Mashita」（通称「そらにじ」）を拠点に相談支援を行う他、「青森レインボーパレード」を開催するなど、性的マイノリティや性暴力被害者が生きやすい地域をつくることに全力を注いだ。2021年9月永眠。

クィア・スタディーズをひらく 2
結婚,家族,労働

2022年3月30日　初版第1刷発行

編著者　菊地夏野・堀江有里・飯野由里子©
発行者　萩原淳平
印刷者　藤森英夫
発行所　株式会社 晃洋書房
〒615-0026　京都市右京区西院北矢掛町7番地
電話　075(312)0788番(代)
振替口座01040-6-32280
ISBN978-4-7710-3560-7

ブックデザイン 尾崎閑也
印刷・製本　亜細亜印刷(株)